LE MANUEL DE L'AMBASSADEUR DU ROI

L'appel divin et le rôle de chaque croyant

Docteur Jean Héder Petit-Frère

LE MANUEL DE L'AMBASSADEUR DU ROI

"L'Appel Divin et le role de chaque croyant"

Copyright © 2025 par Dr. Jean Héder Petit Frère

Tous droits réservés. Aucune partie de ce livre ne peut être reproduite, stockée dans un système de recherche ou transmise sous quelque forme ou par quelque moyen que ce soit, électronique, mécanique, photocopie, enregistrement ou autre, sans l'autorisation écrite préalable de l'éditeur, sauf dans le cas de brèves citations dans des articles critiques ou des revues.

Les citations des Écritures sont tirées de la Sainte Bible. Sauf indication contraire, les citations des Écritures sont tirées de la version King James (KJV). Les autres versions utilisées comprennent la nouvelle version internationale (NIV), la version anglaise standard (ESV) et d'autres, créditées le cas échéant.

Édité par : Wadner Vilier

Kingdom Records Unlimited
P.O. Box 560468 Orlando,
FL 32856, États-Unis

Imprimé aux États-Unis d'Amérique

ISBN : 978-1-7353215-0-9

Tous droits réservés dans le monde entier.

Table des matières

Préface	9
Remerciements	11
Introduction : L'appel à représenter le Roi	13
CLAUSE DE NON-RESPONSABILITÉ	15
Chapitre 1	20
La nécessité d'un changement de paradigme	20
Introduction	21
La nature du Royaume de Dieu	21
Le changement de paradigme	22
Un changement de paradigme qui change tout	26
Comprendre la gouvernance : Royaume, démocratie et république	26
La gouvernance du Royaume : un paradigme divin	28
Le contraste entre un roi, un président et un premier ministre	30
Conclusion	31
Chapitre 2	33
Le Roi et Son Royaume	33
Introduction	34
Une histoire racontée à travers le temps	34
Le mandat de création	34
Les attributs de Dieu en tant que roi	39
Le mandat du Royaume	40
La restauration du Royaume	40
La nature du Royaume	41

Vivre comme des citoyens du Royaume	42
Conclusion	43
Chapitre 3	45
L'Appel Divin d'un Ambassadeur	45
Introduction	46
Le rôle d'un ambassadeur du Royaume	46
Porter le message du Royaume	46
Pour réconcilier le monde avec Dieu.	49
Les responsabilités d'un ambassadeur	49
Établir des relations	50
Défendre les intérêts du royaume	50
Accès aux ressources du Royaume	51
Les défis de l'ambassadeur	51
Conclusion	52
Chapitre 4	54
Protocole : Le cadre pour un ambassadeur efficace	54
Introduction	55
Définition du protocole en diplomatie	55
Pourquoi le protocole est important pour les ambassadeurs du Royaume	55
Les conséquences du non-respect du protocole	57
Ambassadeurs du Royaume	57
Conclusion	58
Chapitre 5	60
Rétablir les relations diplomatiques entre le Ciel et la Terre	60

Introduction 61
La Chute : la relation brisée entre l'humanité avec le Créateur 61
La perturbation du péché 61
Jésus-Christ : l'Emissaire ultime de la réconciliation 62
Le ministère de la Réconciliation 63
Protocole diplomatique pour les ambassadeurs du Royaume 64
Le pouvoir de la réconciliation 65
Amener le paradis sur terre 66
Conclusion 67
Chapitre 6 68
L'Église - Une nation du Royaume en action 68
Introduction 69
La mission de l'Ekklesia 69
L'autorité de l'Ekklesia 71
L'Ekklesia en action 72
Unité au sein de l'Ekklesia 73
Conclusion 74
Chapitre 7 75
L'influence du Royaume dans chaque sphère de la société 75
Introduction 76
Les sept piliers de la société 76
Comprendre la culture 80
La différence entre la Terre et le monde 81
Stratégies pratiques pour influencer 82
Le rôle de l'Ekklesia dans la société 82

Conclusion	83
Chapitre 8	85
Agir en tant que diplomates du royaume à l'époque moderne	85
Introduction	86
La nature de la diplomatie moderne	86
Caractéristiques d'un diplomate du Royaume	88
Impliquer les systèmes modernes avec l'influence du royaume	90
Le rôle de la prière dans la diplomatie	92
Surmonter les barrières culturelles	93
Conclusion	93
Chapitre 9	95
Refléter le Gouvernement du Ciel dans Ttous les Ddomaines de la Vie	95
Introduction	96
La droiture, la justice, la miséricorde et la vérité caractérisent	96
Vivre sous le gouvernement du Ciel	98
Transformer les systèmes terrestres avec les principes du Royaume	99
Le rôle de l'Ekklesia dans la gouvernance	100
Les défis de la réflexion sur le gouvernement du ciel	101
Conclusion	103
Chapitre 10	104
Marcher dans l'Autorité et la Puissance du Royaume	104
Introduction	105
La source de l'autorité du Royaume	105

Fonctionnement dans l'autorité du Royaume	107
Démontrer la puissance du Royaume	109
Les pièges de l'abus d'autorité	110
Libérer le paradis sur terre	111
Conclusion	112
Chapitre 11	113
Construire des ponts - L'expansion du Royaume dans chaque sphère	113
Introduction	114
Le but de la construction de ponts	114
Le rôle des ambassadeurs dans l'expansion du Royaume	116
Démontrer les valeurs du Royaume	117
Stratégies pour une construction de ponts efficace	118
Les défis de la construction de ponts	119
L'impact de l'expansion du royaume	120
Conclusion	122
Chapitre 12	123
Défis et Triomphes dans le Voyage Ambassadeuriel	123
Introduction	124
Les défis auxquels sont confrontés les ambassadeurs du Royaume	124
Stratégies pour surmonter les défis	127
Les triomphes des ambassadeurs du Royaume	129
La perspective éternelle	130
Conclusion	131

	132
Chapitre 13	133
Vivre l'Appel : Transformer le Monde en tant que Représentants du Ciel	133
Introduction	134
La haute vocation d'ambassadeur	134
L'impact d'un ambassadeur fidèle	136
La perspective éternelle	137
L'héritage d'un ambassadeur	138
Bibliographie	1

Préface

Le monde dans lequel nous vivons aujourd'hui est caractérisé par un chaos croissant, des fractures et un désir d'identité et de sens. Les nations tremblent sous le poids de la corruption, les familles s'effondrent et les individus sont aux prises avec le désespoir. Pourtant, au milieu de cette confusion, il y a un appel divin : celui de s'élever au-dessus de la tourmente pour représenter le seul vrai Roi.

En tant que croyant, votre vie n'est ni aléatoire ni sans but. Le plan éternel de Dieu la tisse de manière complexe. Dieu ne vous a pas simplement sauvé pour échapper aux défis du monde, mais pour les affronter, en apportant l'influence transformatrice du Ciel dans chaque sphère de la vie. C'est votre mission dans le Royaume.

Ce manuel est plus qu'un livre ; c'est une feuille de route, un guide de formation pour vous aider à assumer le rôle que Dieu vous a confié en tant que Son ambassadeur. En m'appuyant sur des années d'expérience personnelle, d'étude biblique et d'inspiration divine, j'ai cherché à saisir l'essence de ce que signifie représenter le Ciel sur Terre.

L'Église est en train de vivre une profonde transformation, passant des paradigmes traditionnels à l'Eglise, l'organe directeur des citoyens du Royaume qui légifèrent sur la volonté du Ciel sur la Terre. Ce livre est une ressource essentielle pour vous équiper à vivre et à transmettre cette transformation, vous permettant de vous engager dans le monde en tant qu'ambassadeur transdimensionnel du Royaume.

Je prie que la lecture de ces pages enflamme votre cœur de passion, illumine votre esprit de compréhension et équipe votre vie pour une représentation efficace du Royaume. Élevons-nous ensemble en tant que nation du Royaume, reflétant la gloire, la justice et l'amour de notre Roi.

Docteur Jean Héder PetitFrère

Avant-propos

Je suis honoré d'avoir le privilège de rédiger l'avant-propos d'un véritable ambassadeur du Royaume et homme d'État missionnaire extraordinaire, le Dr Jean Heder PETIT-FRERE.

Cette publication apporte l'une des aides les plus urgentes à tous ceux et celles qui souhaitent faire rayonner l'influence du Royaume, quel que soit le lieu d'établissement de leur mission ou que cette dernière est en cours d'accomplissement.

Ce manuel bien conçu est utile aux organisations et aux individus, car il clarifie les attentes, les politiques et les procédures, favorise la cohérence et garantit le respect des détails de l'alliance du Royaume.

Dans ce traité sur les aspects pratiques de la diplomatie, le Dr Petit Frère offre une voie sans entrave vers l'application efficace des principes de l'ambassade du Royaume.

Parmi les nombreux avantages que cet ouvrage offre à ses lecteurs, on peut citer les suivants:

- Clarté et compréhension
- Accès à des références clés
- Amélioration des compétences essentielles en communication
- Sentiment d'autonomie pour la mission
- Signification profonde de la culture du Royaume
- Aide pour minimiser et atténuer les conflits

Il est clair que le Dr PETIT-FRERE transmet un sentiment d'urgence à tous ceux et celles qui entreprennent la Grande Mission confiée par le Roi des rois et le Seigneur des seigneurs, Jésus-Christ.

La diplomatie est un art, une nécessité et une responsabilité.

Ce manuel est un outil très utile qui aide l'ambassadeur du Roi à naviguer dans les vicissitudes que l'on rencontre généralement dans les échanges et les activités diplomatiques. Le lecteur et le praticien qui suivront les instructions inspirantes contenues dans ces pages découvriront et apprécieront le principe selon lequel la communication est la base de la vie. (Matthieu 4:4)

Dr. Joseph M. Ripley

Pasteur, Auteur, Ambassadeur

Remerciements

Ce livre est le fruit d'années de prière, d'étude et d'un cheminement personnel vers la compréhension et l'adhésion au Royaume de Dieu. Ce livre est une manifestation d'amour et une contribution au Corps du Christ. Je suis extrêmement reconnaissant envers les personnes qui ont eu un impact profond sur ma vie et mon ministère.

Tout d'abord, je rends grâce à mon Seigneur et Roi, Jésus-Christ, dont l'appel, la grâce et l'habilitation ont rendu cette œuvre possible. À Lui soient toute la gloire, l'honneur et la louange.

Je souhaite rendre un hommage tout particulier au regretté Dr Myles Munroe, un véritable pionnier du mouvement d'éveil du Royaume. Sa capacité inégalée à clarifier et à exposer les principes du Royaume de Dieu et le concept de but divin est devenue la signature de l'œuvre de sa vie. Les enseignements du Dr Munroe continuent d'inspirer d'innombrables vies, y compris la mienne. Son héritage sert de lumière directrice au Corps du Christ pour embrasser le message du Royaume dans sa plénitude.

De plus, je tiens à exprimer ma profonde gratitude au regretté Dr Richard Pinder. Son soutien indéfectible dans la diffusion des enseignements du Royaume et son investissement personnel dans ma vie en tant que père spirituel ont laissé une marque indélébile sur mon parcours. Dr Pinder, votre sagesse, votre mentorat et votre gentillesse continuent de résonner dans mon cœur. Vous me manquez toujours profondément.

À ma bien-aimée épouse, Marcia Elaine PetitFrère, ton amour inébranlable, tes encouragements et ton partenariat ont été mon plus grand soutien terrestre. Tu es un don de Dieu et je te serai éternellement reconnaissant pour ta fidélité et ta force.

À mes trois enfants pieux, qui incarnent les valeurs du Royaume qui me sont chères. Vous m'inspirez quotidiennement par votre foi et votre dévouement. Aux fidèles membres de l'Ekklesia que je sers, votre engagement à faire progresser le Royaume a été une source de force et d'encouragement. Ce livre a pour but de vous équiper davantage pour votre mission en tant que mains et pieds du Christ.

Enfin, à mes mentors, collègues et à tous les croyants qui ont prié pour moi, m'ont soutenu ou encouragé tout au long du chemin. Ce travail est autant le vôtre que le mien.

Puisse ce livre inspirer, mettre au défi et équiper chaque lecteur pour qu'il s'engage avec audace dans sa vocation divine en tant qu'ambassadeur du Roi.

À vous tous : merci !

Introduction : L'appel à représenter le Roi

Que signifie réellement être ambassadeur ? Le terme évoque souvent l'image de diplomates envoyés dans des pays étrangers pour représenter les intérêts de leur pays d'origine. Bien que cela soit vrai, le rôle d'un ambassadeur du Royaume est bien plus profond.

Le souverain choisit, nomme et envoie un ambassadeur avec l'autorité d'agir en son nom. Cet appel des croyants découle de notre citoyenneté dans le Royaume des cieux. Notre mission transcende les frontières terrestres, car nous représentons la culture, les valeurs et l'autorité du Ciel partout où nous allons.

L'intention de Dieu en créant l'humanité était claire : établir Son Royaume sur Terre comme reflet de la gloire et de la gouvernance du Ciel. Cependant, à cause du péché, l'humanité a rompu ses relations diplomatiques avec le Ciel, perdant son autorité et plongeant le monde dans les ténèbres. En réponse, Dieu, dans son amour infini, a envoyé Jésus-Christ comme émissaire ultime pour rétablir ce lien.

Aujourd'hui, en tant qu'ambassadeurs du Royaume, nous portons le manteau de la mission de Jésus-Christ. Notre tâche consiste à représenter le Roi, à faire progresser son Royaume et à transformer les systèmes du monde pour les aligner sur la culture du Ciel. Cet appel englobe non seulement les murs des églises et les activités religieuses, mais aussi toutes les sphères de la vie, y compris le gouvernement, les affaires, l'éducation, les médias, la famille, etc.

Ce manuel vous aide à activer votre rôle d'ambassadeur, pas seulement à le comprendre. Il s'agit de passer d'un christianisme passif à un engagement actif envers le Royaume. Que vous soyez un enseignant qui façonne la prochaine génération, un entrepreneur qui influence le marché ou un parent qui élève des enfants qui pensent au Royaume, votre rôle est essentiel. Le Royaume de Dieu n'est pas une réalité future lointaine, c'est une réalité présente, qui progresse à travers la vie de Ses ambassadeurs.

Le voyage qui vous attend vous fera repenser votre identité, votre objectif et votre mission. Il vous fournira les outils nécessaires pour assumer avec audace votre rôle de représentant du Roi, apportant l'influence transformatrice du Ciel dans un monde en quête désespérée d'espoir et de rédemption. Êtes-vous prêt à accepter la haute vocation d'ambassadeur ? Le Roi vous appelle et le monde vous attend !

CLAUSE DE NON-RESPONSABILITÉ

"Il faut étudier le Royaume pour comprendre la Bible."

"La Bible parle ouvertement de la religion, mais elle n'est pas un livre religieux"

"Dieu ne nous a pas donné la Bible pour établir une religion, mais un guide protocolaire, procédural et normatif en vue d'étendre son royaume sur terre."

"La forme de gouvernement idéale de Dieu est un royaume où Il est Roi, dans lequel il n'existe pas de sujets, mais des citoyens à part entière."

CHAPITRE 1

La nécessité d'un changement de paradigme

Introduction

Le concept ou l'expression « Royaume de Dieu » est depuis longtemps au cœur de la théologie et de la spiritualité chrétiennes.

Il s'agit d'un changement de paradigme qui transforme radicalement la façon dont les gens perçoivent leur vie, leurs relations et leurs objectifs.

Le Royaume de Dieu est plus qu'un concept lointain et mystique. C'est une réalité actuelle qui nécessite une réorientation fondamentale des valeurs et des priorités.

Ce manuel étudiera la nature transformatrice du Royaume de Dieu, en examinant les implications pour la vie personnelle et communautaire, ainsi que l'impact sur les structures sociétales.

La nature du Royaume de Dieu

Les gens font souvent référence au Royaume de Dieu à la fois comme une réalité présente et comme un espoir pour l'avenir. C'est le règne de Dieu qui fait irruption sur la terre, perturbant le statu quo et introduisant un nouveau mode de vie.

Ce double aspect – déjà et pas encore – crée une tension dynamique qui pousse les croyants à continuer à grandir et à évoluer.

La réalité présente

Les enseignements et les actions de Jésus-Christ témoignent de la réalité actuelle du Royaume de Dieu. À travers Ses paraboles, Ses miracles et Ses rencontres avec les gens, Jésus a fait valoir les idéaux du Royaume tels que l'amour, la justice, la miséricorde et l'humilité.

Il vous invite à expérimenter le Royaume dans votre vie quotidienne en vous alignant sur ces principes et en participant à l'activité rédemptrice de Dieu dans le monde.

Manifestation

Le Royaume de Dieu symbolise également la promesse d'un temps où la domination de Dieu se manifestera pleinement et où toute la création reviendra à son équilibre originel.

Cette dimension eschatologique donne aux chrétiens un sentiment de but et de direction, les poussant à rester forts dans leur foi et à œuvrer pour l'accomplissement ultime du plan de Dieu.

Le changement de paradigme

Le Royaume de Dieu requiert un changement de paradigme qui transforme tout.

Cette transformation implique le passage d'un point de vue égocentrique à un point de vue centré sur Dieu ou christocentrique, de l'individualisme à la communauté et des préoccupations temporelles aux idéaux éternels.

De l'égocentrisme à l'orientation vers Dieu

Dans une culture qui valorise généralement l'accomplissement personnel et la réalisation de soi, le Royaume de Dieu nécessite un tournant significatif vers Dieu et Ses desseins.

Ce changement nécessite d'accepter la souveraineté de Dieu et de s'efforcer d'aligner sa vie sur sa volonté.

Cela nécessite de faire confiance à la providence et à la direction de Dieu plutôt que de compter uniquement sur ses propres capacités et ressources.

De l'individualisme à la communauté

Le Royaume de Dieu modifie également la façon dont les gens interagissent entre eux. Il contredit la culture dominante de l'individualisme et promeut un mode de vie communautaire.

Dans le Royaume, les relations sont définies par l'amour, le respect et le soutien mutuels.

Les croyants sont appelés à porter les fardeaux les uns des autres, à partager avec eux leurs ressources et à travailler ensemble pour le plus grand bien.

Préoccupations temporelles et valeurs éternelles

Enfin, le Royaume de Dieu déplace l'accent des valeurs temporelles vers les valeurs éternelles.

Le royaume de Dieu encourage les croyants à vivre avec une perspective éternelle, en valorisant les choses à long terme.

Cela implique de valoriser les personnes plutôt que les biens, l'intégrité plutôt que les réalisations et le service plutôt que le pouvoir.

Cela implique de favoriser des valeurs comme la foi, l'espoir et l'amour qui durent au-delà des moments transitoires de cette vie.

Conséquences sur la vie personnelle

Le changement de paradigme du Royaume de Dieu a des conséquences profondes sur l'existence personnelle. Il façonne l'identité, le but et la conduite quotidienne d'un individu.

Identité

Dans le Royaume de Dieu, l'identité est fondée sur la relation que l'on entretient avec Dieu.

Les croyants sont considérés comme les enfants de Dieu, chéris et respectés pour ce qu'ils sont au lieu de ce qu'ils font.

Ce concept d'identité favorise un sentiment de valeur et de dignité, libérant les gens du besoin de rechercher une validation auprès des sources externes.

But

Le Royaume de Dieu donne un sens à la vie des croyants qui va au-delà de l'ambition personnelle.

Le changement de paradigme les invite à participer à l'activité rédemptrice de Dieu dans le monde, en utilisant leurs dons et leurs talents pour aider les autres et faire avancer le royaume de Dieu.

Cet objectif fournit une direction et un sens, inspirant les gens à vivre avec intention et dévotion.

Conduite quotidienne

Les idéaux du Royaume de Dieu ont un impact pratique sur notre vie quotidienne.

Dans leurs interactions avec les autres, les croyants doivent faire preuve de compassion, de justice et de miséricorde.

Impact sur les structures sociales

Le Royaume de Dieu a des implications importantes sur les structures sociétales.

Il s'oppose aux structures injustes et promeut une société plus égalitaire et solidaire.

Justice

La justice est essentielle au Royaume de Dieu. Elle implique non seulement de lutter contre les actes criminels individuels, mais aussi de s'attaquer aux injustices structurelles qui marginalisent et oppriment.

Les idéaux du Royaume de Dieu visant à préserver les droits et la dignité des personnes, en particulier des personnes pauvres et défavorisées, correspondent clairement aux attentes des croyants quant à la justice dans toutes les facettes de la vie.

Compassion

La compassion est une autre valeur essentielle du Royaume de Dieu. Elle requiert un sens aigu de l'empathie et de l'attention à la souffrance des autres.

Cette compassion va au-delà du sentiment et se traduit par des actions concrètes qui soulagent la douleur et favorisent le bien-être.

Il s'agit de développer des méthodes et des structures qui facilitent l'épanouissement de tous les membres de la société.

Paix

Le Royaume de Dieu favorise la paix, non seulement comme l'absence de conflit, mais comme la présence d'harmonie et de plénitude.

La réconciliation et la reconstruction des relations conduisent à cette paix.

Nous appelons les croyants à être des artisans de paix, s'efforçant de réparer les divisions et de construire des ponts de compréhension et de coopération.

Un changement de paradigme qui change tout

Imaginez un monde dans lequel il n'y aurait ni élection, ni conflit, ni destitution de la plus haute autorité.

C'est la réalité à laquelle Jésus nous invite lorsqu'il dit : « Repentez-vous » (Matthieu 4:17).

Le Royaume de Dieu est plus qu'un slogan spirituel ; c'est un mode de vie qui remet en question les systèmes de gouvernement traditionnels tels que la démocratie, le républicanisme et même le présidentialisme.

Jésus n'est pas un politicien pour qui on peut voter ou qu'on peut critiquer.

C'est un Roi doté d'une autorité absolue, possédant tout et attendant une obéissance parfaite.

Pour comprendre Son Royaume, nous devons renoncer aux normes démocratiques et adopter un changement de paradigme.

Comprendre la gouvernance : Royaume, démocratie et république

Gouvernance du Royaume

Un royaume fonctionne fondamentalement de manière différente de tout système de gouvernement moderne. Décomposons-le :

Règle absolue

La parole du roi fait loi, et ses décrets sont contraignants. Le roi ne se rend pas au vote et n'a pas besoin d'approbation.

Héritage

L'héritage est la transmission du pouvoir par droit héréditaire ou divin, symbolisant la stabilité et la continuité.

Possession

Contrairement aux présidents et aux premiers ministres qui contrôlent les terres des gens, un monarque possède tout : la terre, les ressources et même ses sujets. Le Psaume 24 :1 souligne cette vérité : « La terre appartient à l'Éternel, avec tout ce qu'elle renferme. »

Le règne de Dieu en tant que Roi est parfait et juste, contrairement aux monarques du monde qui échouent fréquemment.

Le Psaume 10:16 et Exode 15:18 sont deux exemples des saintes écritures qui déclarent sa royauté perpétuelle.

Ésaïe 9 :6-7 et Apocalypse 19:16, qui font référence à Jésus comme le « Roi des rois », traitent des prophéties sur la royauté divine.

Gouvernance démocratique

- En revanche, la démocratie repose sur le partage du pouvoir et la prise de décision collective.

- Source de l'autorité : Le pouvoir vient du peuple, par l'intermédiaire des élections.

- Responsabilité : les dirigeants occupent des postes temporaires et sont susceptibles d'être révoqués.

Système basé sur les droits :

- La démocratie donne la priorité à la liberté individuelle et à l'égalité, ce qui la rend intrinsèquement centrée sur l'humain.
- Si la démocratie est efficace dans la gouvernance humaine, son instabilité soumise à l'opinion publique et son autorité fragmentée conduisent souvent à l'inefficacité.

Gouvernance républicaine

Une république allie démocratie et cadres constitutionnels :

- Représentation : Les citoyens élisent des dirigeants pour gouverner en leur nom.
- Freins et contrepoids : la division du pouvoir entre les branches empêche la tyrannie.
- État de droit : une constitution protège les droits individuels.

Cependant, comme la démocratie, une république est faillible, limitée par les imperfections des systèmes humains.

La gouvernance du Royaume : un paradigme divin

Dans le Royaume de Dieu, l'autorité est centralisée plutôt que déléguée ou fragmentée. Cela crée de profondes différences qui exigent un changement de paradigme :

Tableau comparatif : les idéaux démocratiques et le Royaume de Dieu

Idéal démocratique et républicain	Royaume Vérité
Propriété versus intendance	

Nous sommes propriétaires de nos biens.	Tout ce que nous « possédons » appartient à Dieu, et nous en sommes les intendants.
Droits contre soumission	
Nous exigeons nos droits.	Nous abandonnons nos droits pour suivre la volonté du Roi.
Autorité temporelle et autorité éternelle	
Democratic Ideal	**Kingdom Truth**
Les dirigeants servent pour une durée limitée.	Le règne de Dieu est éternel et immuable.
Gouvernement collectif contre gouvernement souverain	
Le pouvoir est distribué.	Dieu, dont la justice est parfaite, détient tout pouvoir.
Repentance	
Adopter un état d'esprit du Royaume nécessite de passer des idéaux démocratiques aux vérités éternelles du Royaume de Dieu.	Adopter un état d'esprit du Royaume.

Le mot « se repentir » (en grec : metanoia) signifie changer d'avis.

Jésus ne nous demande pas seulement de regretter nos péchés ; il nous appelle à repenser tout : notre allégeance, nos priorités et notre compréhension de l'autorité.

Il ne s'agit pas d'intégrer le Royaume dans nos vies, mais de transformer nos vies pour les aligner sur le Royaume.

Questions de réflexion :
- Quelles mentalités culturelles concernant la gouvernance pourriez-vous avoir besoin d'abandonner ?

- Comment peut-on renoncer à l'autonomie pour accepter la soumission au Roi ?

Le contraste entre un roi, un président et un premier ministre

« Car l'Éternel est notre juge, l'Éternel est notre législateur, l'Éternel est notre roi ; c'est lui qui nous sauvera. » (Ésaïe 33:22)

Pour comprendre le Royaume de Dieu, il faut bien saisir en quoi il diffère des systèmes de gouvernance du monde. Cela est particulièrement crucial car les principes démocratiques, bien connus de la plupart des gens, contrastent souvent fortement avec les réalités de gouvernance du Royaume.

Vous trouverez ci-dessous une comparaison approfondie des rôles d'un roi, d'un président et d'un premier ministre.

Un roi

Source d'autorité

L'autorité du roi est absolue et inhérente, elle ne découle ni du peuple ni des élections. Elle est fondée sur des droits divins ou héréditaires.

En revanche, l'autorité d'un président ou d'un Premier ministre découle des systèmes démocratiques, ce qui la rend conditionnelle et temporaire.

Possession

Dans un royaume, le roi possède tout : la terre, les ressources et même le peuple, qui est constitué de Ses sujets. .

Comparaison biblique : Le Psaume 24:1 souligne : « La terre

appartient à l'Éternel, avec tout ce qu'elle contient », reflétant la propriété totale du Roi.

Un président ou un premier ministre agit simplement en tant qu'intendant, sachant que la propriété appartetient au peuple ou à l'État.

Loi
La parole du roi est loi : elle n'est pas contestée, elle est permanente et elle n'est soumise ni à un débat ni à une approbation.

> **Exemple :** Les décrets de Dieu sont éternels et immuables, soulignant ainsi sa souveraineté ultime.

Cependant, les présidents et les premiers ministres dans les systèmes de gouvernement humain opèrent au sein de structures où les lois sont débattues, amendées et votées.

Conclusion

Un roi règne avec une souveraineté totale, et son caractère façonne la nature du royaume.

Un roi juste établit un royaume juste ; un roi corrompu conduit à l'oppression.

En comparaison, un président ou un Premier ministre opère dans le cadre d'un système de freins et contrepoids, répartissant l'autorité et limitant souvent son impact.

> **Exemples :** Dieu comme Roi : Les Écritures soulignent la royauté éternelle et l'autorité parfaite de Dieu (Exode 15:18, Psaume 93:1-2).

Jésus comme Roi : Jésus remplit son rôle de Roi éternel, souverain sur le Royaume de Dieu (Ésaïe 9:6-7, Jean 18:36-37).

Questions de réflexion :

1. La compréhension du caractère du Roi affecte-t-elle votre vision de votre rôle dans le Royaume ?

2. De quelles manières pouvez-vous intégrer la culture du Ciel dans votre vie quotidienne ?

3. Réfléchissez aux domaines de votre vie où l'autorité du Roi n'est pas pleinement évidente. Quelles mesures pouvez-vous prendre pour les aligner sur son règne?

CHAPITRE 2

Le Roi et Son Royaume

Introduction

L'histoire du Royaume de Dieu est un récit intemporel d'amour divin, de souveraineté et de restauration.

Du mandat de création de la Genèse au règne éternel de l'Apocalypse, ce livre révèle le plan ultime de Dieu pour établir son règne sur la Terre. Dieu a donné à l'humanité le privilège de l'intendance, créée à son image, mais le péché a perturbé ce dessein divin. Pourtant, la réponse de Dieu par Jésus-Christ démontre son engagement inébranlable envers la rédemption et la restauration.

En comprenant le Royaume de Dieu et le Royaume des Cieux, les croyants peuvent assumer leur rôle d'ambassadeurs du Ciel sur la Terre.

Cette exploration nous invite à aligner nos vies sur les valeurs du Roi et à accomplir notre vocation dans Son Royaume éternel.

Une histoire racontée à travers le temps

La Bible raconte l'histoire continue d'un roi et de son royaume, de la Genèse à l'Apocalypse. Ce récit divin révèle le plan éternel de Dieu pour établir son règne sur la Terre, un royaume reflétant sa gloire, son caractère et son autorité.

Le mandat de création

Dieu a voulu que la Terre soit un royaume où Il exprime et accomplit Sa volonté divine, la créant comme une extension du Ciel.

Créée à l'image de Dieu, l'humanité a été chargée de gouverner la Terre en tant que ses représentants, ses intendants et les miroirs de sa gloire.

La perturbation du péché

Par la désobéissance, l'humanité a rompu sa relation avec Dieu, introduisant le péché et perturbant l'ordre divin.

Cet acte a détourné l'humanité de son objectif initial, permettant aux ténèbres et à la rébellion d'influencer la Terre.

La réponse de Dieu

Le Royaume éternel : Malgré la rébellion de l'humanité, le Royaume de Dieu demeure éternel et inébranlable.

Le Plan de Rédemption Par Jésus-Christ, Dieu a initié un plan rédempteur, appelant les croyants à accomplir la mission du Royaume et à rétablir Son règne sur la Terre.

Y a-t-il une différence entre le Royaume de Dieu et le Royaume des cieux ?

Les termes « Royaume de Dieu » et « Royaume des cieux » apparaissent fréquemment dans les Écritures, ce qui soulève des questions sur leur signification et sur le fait de savoir s'ils font référence au même concept ou s'ils présentent des différences marquées.

Un examen plus approfondi de la Bible révèle à la fois des similitudes et des différences, façonnées par le contexte des termes.

Les similitudes

Le Royaume de Dieu et le Royaume des Cieux proviennent tous deux de Dieu et reflètent son autorité et son règne souverain.

Les Écritures comme Matthieu 19 :23-24 utilisent ces termes de manière interchangeable.

« Il est difficile à un riche d'entrer dans le royaume des cieux... Il est plus facile à un chameau de passer par le trou d'une aiguille qu'à un riche d'entrer dans le royaume de Dieu. »

Le règne souverain de Dieu
Les deux termes décrivent la règle et le règne de Dieu sur toute la création, mettant l'accent sur la soumission à son autorité et l'alignement sur sa volonté divine.

Même invitation
Qu'on l'appelle le Royaume de Dieu ou le Royaume des cieux, l'invitation est faite aux croyants d'y entrer par la repentance, la foi et l'obéissance à Jésus-Christ (Matthieu 4 :17 ; Marc 1:15).

Principales distinctions
Bien que le Royaume de Dieu et le Royaume des cieux aient des significations similaires, leur utilisation reflète des accents distincts dans les Écritures :

Utilisation de la terminologie :
- L'Évangile de Matthieu utilise exclusivement le terme « Royaume des cieux » (par exemple, Matthieu 3:2 ; Matthieu 5:3 ; Matthieu 13:24).
- Le terme « Royaume de Dieu » apparaît dans les Évangiles, les Actes et les épîtres, indiquant un usage plus large (par exemple, Marc 1:15 ; Luc 17:21 ; Romains 14:17).

Sensibilité du public
Matthieu, écrivant principalement pour un public juif, évite souvent d'utiliser le mot « Dieu » par révérence, le remplaçant par « Ciel » pour respecter les sensibilités juives. Ainsi, le « Royaume des cieux » correspond aux coutumes juives, tandis que le « Royaume de

Dieu » trouverait un écho auprès d'un public païen ou plus large.

Portée céleste ou universelle

Le Royaume des Cieux met souvent l'accent sur le domaine du règne de Dieu d'un point de vue céleste, reflétant la souveraineté de Dieu telle qu'elle se manifeste sur Terre.

Le Royaume de Dieu met en évidence la nature universelle de la domination de Dieu sur toute la création, ne se limitant pas au Ciel mais s'étendant à tous les aspects de la vie.

> ***Exemples*** de différence : Le Règne du Ciel sur la Terre (Royaume des Cieux) : Ce terme résume la réalité des croyants qui établissent l'autorité céleste de Dieu sur la Terre en accomplissant Sa volonté. Par exemple, les Béatitudes (Matthieu 5:3-12) illustrent les principes du Ciel manifestés dans la vie humaine.

Le règne de Dieu sur toute la création (Royaume de Dieu) :

Ce terme englobe une vision plus large, incluant la transformation spirituelle des individus et des communautés sous le règne de Dieu, comme décrit dans Romains 14:17 : « Car le royaume de Dieu, ce n'est pas le manger et le boire, mais la justice, la paix et la joie, par le Saint-Esprit. »

Sont-ils identiques ou différents ?

Ces deux termes décrivent le règne de Dieu, que ce soit sur la Terre ou à l'échelle universelle. Ils renvoient à la même réalité de soumission à l'autorité de Dieu et de participation à sa mission divine.

Les nuances dans leur utilisation reflètent des différences

d'accentuation :
- « Royaume des cieux » met en évidence l'autorité céleste de Dieu et son expression sur Terre.
- « Royaume de Dieu » souligne la dimension universelle et spirituelle de son règne.

Pourquoi est-ce important ?
Comprendre les différences subtiles aide les croyants à mieux interpréter les passages qui utilisent ces termes et à comprendre leur contexte culturel et théologique.

Vivre la mission du Royaume
Les principes célestes du Royaume des Cieux (vivre comme un reflet de la volonté de Dieu) et la mission universelle du Royaume de Dieu (apporter une transformation dans chaque sphère de la vie) sont exigés des croyants.

Questions de réflexion :
1. Lorsque vous entendez « Royaume des cieux » ou « Royaume de Dieu », comment percevez-vous leur signification dans votre vie ?
2. Comment la compréhension de ces termes peut-elle approfondir votre participation à la mission du Royaume de Dieu sur Terre ?
3. Y a-t-il des domaines spécifiques dans lesquels vous pouvez mieux refléter la culture du Ciel ou la règle universelle de Dieu dans votre marche quotidienne ?

La centralité du pouvoir du roi
Le Roi définit le Royaume.

Un royaume ne peut exister sans roi. Contrairement aux systèmes terrestres tels que les démocraties ou les républiques, un royaume est défini par l'influence gouvernante d'un roi sur son territoire.

Caractéristiques clés d'un royaume
- Ce sont les organes législatifs qui gouvernent, et non la volonté et les objectifs du roi.
- Les désirs du Roi se manifestent dans son domaine (Matthieu 6 :10).

Les attributs de Dieu en tant que roi
Dieu possède toute la création, y compris son peuple (Deutéronome 10 :14 ; Psaume 24 :1).

> *Exemple:* Tout comme un propriétaire détient des droits sur une propriété, Dieu détient l'autorité sur son Royaume.

Souveraineté
L'autorité de Dieu est éternelle et inégalée (Psaume 103 :19).

Ses décrets sont définitifs, reflétant son règne immuable.

Justice
Dieu est un juge juste qui garantit l'équité (Psaume 89 :14).

Il défend les opprimés et défend la vérité.

Amour et miséricorde
Contrairement aux dirigeants terrestres, Dieu règne avec compassion, offrant sa grâce à ses sujets (Psaume 86 :15).

Disposition

Dieu répond aux besoins de son peuple en lui fournissant des bénédictions spirituelles et matérielles (Philippiens 4 :19).

Le mandat du Royaume

Le mandat initial
Genèse 1 :26 : Dieu a créé l'humanité pour gouverner la Terre, reflétant sa justice, sa paix et sa prospérité.

La chute de l'humanité
La désobéissance d'Adam et Ève a donné l'autorité aux ténèbres, mais le plan de Dieu n'a pas pris fin.

Le mandat rétabli
Selon Romains 5 :17, Jésus-Christ rétablit les croyants dans leur position d'intendants du Royaume de Dieu.

> ***Exemple:*** Imaginez un PDG qui réintègre un manager disqualifié, en lui faisant confiance pour rétablir l'ordre et l'efficacité.

La restauration du Royaume

La proclamation de Jésus
« Repentez-vous, car le royaume des cieux est proche » (Matthieu 4 :17).

L'invitation
Jésus a appelé l'humanité à réintégrer le projet original de Dieu par la repentance et la transformation.

Le rôle de Jésus

En tant qu'ambassadeur ultime du Ciel, Jésus a réconcilié l'humanité avec Dieu, rétablissant les relations du Royaume.

Pensez à un ambassadeur envoyé pour rétablir les relations entre deux nations. Jésus a comblé le fossé entre Dieu et l'humanité. Aujourd'hui, les croyants poursuivent cette mission en représentant le Roi en tant qu'ambassadeurs du Royaume.

La nature du Royaume

Invisible mais puissante

Le Royaume existe dans le cœur des croyants (Luc 17 :21).

> **Exemple:** Comme le vent qui façonne le paysage, l'influence du Royaume est invisible mais transformatrice.

Déjà et pas encore

Le Royaume est présent partout où la volonté de Dieu est faite, mais ne sera pleinement réalisé qu'au retour du Christ (Daniel 7 :27).

Compris

Ouvert à tous ceux qui acceptent le Roi, transcendant les divisions terrestres (Galates 3 :28).

Accessible mais exigeant

Elle est offerte gratuitement mais exige un abandon et un engagement (Matthieu 16 :24).

Éternel

Contrairement aux royaumes terrestres, le Royaume de Dieu est éternel (Daniel 7 :14).

Transformationnel
Partout où il s'établit, il apporte la justice, la restauration et la vie (Colossiens 1 :20).

Contre-culturel
Il valorise l'humilité et l'amour sacrificiel plutôt que le pouvoir et l'orgueil (Jean 13 :15).

Vivre comme des citoyens du Royaume

Citoyenneté du Royaume
La citoyenneté dans le Royaume de Dieu n'est pas un droit de naissance physique, mais une transformation spirituelle (Colossiens 1 :13-14).

Caractéristiques des citoyens du Royaume
- Allégeance au Roi : Cherchez d'abord le Royaume dans tous les aspects de la vie (Matthieu 6 :33).
- Identité transformée : Accepter l'identité d'enfant de Dieu (Romains 8 :17).
- Adhésion aux lois du Royaume : Vivre selon les principes d'amour, de grâce et de justice (Matthieu 22 :37-39).

Représentation
Agissez comme des ambassadeurs du Christ, reflétant le caractère du Roi (2 Corinthiens 5 :20).

Vivre comme la lumière
Illuminez le monde avec les valeurs du Royaume (Matthieu 5 :14).

Les privilèges de la citoyenneté du Royaume

- La prière donne un accès direct au Roi.
- Protection et providence divines.
- La sécurité éternelle dans les promesses de Dieu.

Étapes pratiques pour vivre en tant que citoyens du Royaume

Cherchez d'abord le Royaume
Donnez la priorité à la volonté de Dieu dans toutes les décisions.

> ***Exemple:*** Avant de prendre des décisions financières, alignez vos plans sur les valeurs du Royaume.

Représenter le Roi
Refléter le caractère du Christ dans les interactions quotidiennes.

> ***Exemple:*** Faire preuve d'intégrité et de compassion sur le lieu de travail.

Engage-vous dans le monde
Influencer la société avec les principes du Royaume.

> ***Exemple:*** Soyez bénévole dans des programmes communautaires, incarnant l'amour du Christ.

Conclusion

Le Roi invite chaque croyant à participer à sa mission rédemptrice. Il ne s'agit pas seulement d'un concept théologique, mais d'une réalité pratique. Le Roi nous appelle à apporter la culture du Ciel sur la Terre.

Questions de réflexion

1. Pouvez-vous changer votre vie pour refléter les valeurs du Royaume ?
2. Comment pouvez-vous influencer votre famille, votre lieu de travail ou votre communauté avec les principes du Royaume ?
3. Dans quels domaines de votre vie pouvez-vous rechercher la volonté du Roi de manière plus intentionnelle ?

CHAPITRE 3

L'Appel Divin d'un Ambassadeur

Introduction

Le rôle d'un ambassadeur est d'une importance capitale. En tant que représentants de leur souverain, les ambassadeurs incarnent l'autorité, le caractère et les valeurs du royaume qu'ils servent.

Pour les croyants, cet appel s'étend à tous les aspects de la vie, des interactions personnelles à l'influence systémique.

Paul déclare :

« Nous faisons donc les fonctions d'ambassadeurs pour Christ, comme si Dieu exhortait par nous » (2 Corinthiens 5 :20, LSG).

Notre mission en tant qu'ambassadeurs du Royaume est de représenter la culture du Ciel, de faire avancer son programme et de refléter le Roi dans tout ce que nous faisons.

Le rôle d'un ambassadeur du Royaume

Représentation du Roi

Les ambassadeurs sont le visage de leur roi aux yeux du monde. Chaque parole prononcée et chaque action entreprise reflètent le roi qu'ils servent.

> *Exemple:* Dans un contexte professionnel, traiter ses collègues avec respect et équité démontre l'amour et la justice du Roi, même dans des environnements difficiles.

Porter le message du Royaume

Nous confions aux ambassadeurs l'Évangile, le message de réconciliation, d'espérance et de transformation. Ce message est au cœur de leur mission.

Fondements bibliques

« Il nous a confié la parole de la réconciliation » (2 Corinthiens 5 :19, LSG).

> *Exemple:* Partager votre témoignage avec quelqu'un qui cherche un but ou qui lutte contre le désespoir devient une manière concrète de transmettre le message du Royaume.

Plaidoyer et diplomatie

Les ambassadeurs construisent des ponts entre le Royaume de Dieu et les systèmes du monde. Ils défendent la droiture et la justice, se tenant souvent à la brèche pour servir de médiateur.

> *Exemple:* L'organisation d'une initiative communautaire pour lutter contre l'injustice ou l'inégalité sociale démontre un plaidoyer aligné sur les valeurs du Royaume.

Choisi par le roi

Dieu a choisi personnellement chaque croyant pour un but précis. Le Roi ne nomme pas d'ambassadeurs arbitrairement. Il voit au-delà des limites humaines, reconnaissant le potentiel de chacun de ses enfants pour accomplir leur mission divine.

> *Exemple* biblique : Gédéon

L'histoire de Gédéon dans la Bible illustre le pouvoir transformateur de l'appel de Dieu. Bien qu'il se considérât comme le plus petit de sa famille et qu'il appartenait au clan le plus faible, Dieu a choisi Gédéon pour délivrer Israël de la main des Madianites. Lorsque l'ange de l'Éternel lui est apparu, il a dit :

« L'Éternel est avec toi, vaillant héros ! » (Juges 6 :12, LSG).

Alors qu'il acceptait son appel et s'appuyait sur la force de Dieu, l'hésitation initiale de Gédéon a cédé la place à l'audace.

Pensez aux domaines de votre vie dans lesquels vous vous sentez incompétent ou inadéquat. Souvenez-vous que l'appel du Roi vous équipe de ce qui semble impossible. Vos faiblesses deviennent une plateforme plate-forme pour sa force.

Nommé dans un but précis

L'appel de Dieu a toujours un but. Notre rôle en tant qu'ambassadeurs du Royaume est d'influencer le monde pour le Roi.

Pour représenter le roi

Notre objectif premier est de refléter la nature et les valeurs du Roi dans tous les aspects de notre vie. Cela implique de vivre d'une manière qui montre aux autres l'amour, la grâce et la sainteté de Dieu.

> *Exemple:* Un chef d'entreprise qui donne l'exemple en matière de pratiques éthiques, de générosité et d'équité reflète le caractère du roi dans un secteur souvent dominé par la cupidité et la corruption.

Pour faire avancer le Royaume

La mission des ambassadeurs est d'apporter la culture du Ciel sur Terre en influençant la société avec les valeurs de justice, de droiture et de paix.

> *Exemple:* Dans une communauté aux prises avec la violence, un ambassadeur pourrait organiser des initiatives favorisant la réconciliation et l'autonomisation des jeunes, transformant ainsi l'atmosphère grâce aux valeurs du Royaume.

Pour réconcilier le monde avec Dieu.

La réconciliation est au cœur de la mission de l'ambassadeur. Il porte ce message en invitant l'humanité à renouer avec Dieu par l'intermédiaire du Christ.

Fondement biblique :

« Or, tout cela vient de Dieu, qui nous a réconciliés avec lui par Jésus-Christ, et qui nous a donné le ministère de la réconciliation » (2 Corinthiens 5 :18, LSG).

> *Exemple:* Partager votre témoignage avec quelqu'un qui se sent éloigné de Dieu peut déclencher son cheminement vers la réconciliation.

Les responsabilités d'un ambassadeur

Vivre en accord avec les valeurs du Royaume

Le Royaume a des ambassadeurs qui respectent ses normes. Leur vie doit refléter les principes d'amour, de vérité, d'humilité et de sainteté.

Choisir d'agir avec intégrité dans une transaction commerciale, même si cela peut entraîner une perte personnelle, s'aligne sur les valeurs du Royaume et renforce la crédibilité.

S'engager avec les systèmes mondiaux

Même s'ils n'appartiennent pas au monde, les ambassadeurs ont la responsabilité d'interagir avec lui. Cela signifie influencer le gouvernement, l'éducation, les entreprises et d'autres systèmes pour refléter les principes du Royaume.

> *Exemple* biblique : Daniel

Bien qu'il ait servi dans un gouvernement païen, Daniel est resté fidèle à Dieu, influençant les politiques et les décisions qui ont apporté la gloire au Roi du Ciel.

Établir des relations

L'influence commence souvent par des relations. Les ambassadeurs doivent s'efforcer de favoriser la confiance et les liens avec ceux qui les entourent.

> *Exemple:* Encadrer un jeune de votre communauté peut planter des graines d'influence du Royaume qui se développeront bien au-delà de votre portée immédiate.

Défendre les intérêts du royaume

Les ambassadeurs protègent et défendent les valeurs et les intérêts du Royaume, même dans des environnements hostiles.

> *Exemple* biblique : Esther

Esther a risqué sa vie pour défendre son peuple, utilisant sa position d'influence pour protéger les intérêts de la nation en alliance avec Dieu.

Les privilèges de l'ambassadeur

Autorité du Roi

Les ambassadeurs agissent sous l'autorité du souverain qu'ils représentent, ce qui leur donne la possibilité d'agir avec audace et confiance dans leur mission.

Fondements bibliques

« Je vous ai donné le pouvoir de marcher sur les serpents et les scorpions, et de vaincre toute la puissance de l'ennemi » (Luc 10 :19, LSG).

> **Exemple:** Prier pour la guérison ou la délivrance avec confiance, sachant que vous portez l'autorité du Roi.

Accès aux ressources du Royaume

Les ambassadeurs ont accès à toutes les ressources de leur pays d'origine, ce qui leur permet de remplir leur mission.

> **Exemple:** Face à des défis financiers ou logistiques dans le ministère, faire confiance à la providence de Dieu crée souvent des opportunités inattendues.

Protection du Roi

Tout comme une nation protège ses ambassadeurs, le Roi protège ceux qui le servent fidèlement.

Fondement biblique :

« L'Éternel combattra pour toi ; tu n'auras qu'à garder le silence » (Exode 14 :14, LSG).

Les défis de l'ambassadeur

L'opposition du monde

Les ambassadeurs sont souvent confrontés à la résistance des systèmes et des individus qui s'opposent aux valeurs du Royaume.

Fondement biblique :

« Si le monde vous hait, sachez qu'il m'a haï le premier » (Jean 15 :18, LSG).

> **Exemple:** Le fait de défendre des pratiques éthiques dans un environnement commercial corrompu peut susciter des critiques ou l'aliénation, mais cela reflète l'intégrité du Royaume.

Maintenir l'intégrité dans une culture hostile
Les ambassadeurs doivent résister à la tentation de se conformer aux valeurs du monde, en restant fidèles à leur identité et à leur mission.

Fondement biblique :
« Ne vous conformez pas au siècle présent, mais soyez transformés par le renouvellement de l'intelligence » (Romains 12 :2, LSG).

Étapes pratiques pour les ambassadeurs
Étudiez les décrets du roi Plongez dans les Écritures pour comprendre les principes et les valeurs du Royaume.

Comptez sur le Saint-Esprit
Comptez sur la direction de l'Esprit pour traverser des situations complexes et représenter efficacement le Royaume.

Les valeurs du modèle du Royaume
Que votre vie soit un témoignage vivant des principes du Royaume, inspirant les autres à suivre.

Conclusion
Les ambassadeurs reflètent le caractère du Roi à travers leurs actions, portent le message de l'Évangile et influencent les systèmes avec les valeurs du Royaume.

Questions de réflexion
1. Comment pouvez-vous mieux aligner votre vie sur les valeurs du Royaume ?

2. Comment pouvez-vous surmonter vos problèmes en représentant le Roi ?

3. Quelles mesures pratiques pouvez-vous prendre aujourd'hui pour influencer votre sphère avec les principes du Royaume ?

Protocole : Le cadre pour un ambassadeur efficace

Introduction

Le protocole est un aspect essentiel de la fonction d'ambassadeur, tant dans la diplomatie terrestre que dans le Royaume de Dieu. Il fait référence aux règles et principes formels qui régissent les interactions, garantissant le respect, l'ordre et l'alignement sur l'autorité du souverain.

Définition du protocole en diplomatie

Dans le monde diplomatique, les protocoles régissent la manière dont les ambassadeurs interagissent avec les dirigeants, participent aux cérémonies officielles et se conduisent dans les pays étrangers. Ils garantissent que leurs actions respectent leur souveraineté et préservent la dignité de leur fonction.

Définition du protocole dans le Royaume

Dans le Royaume, le protocole reflète l'ordre divin et les principes établis par Dieu. Il régit la manière dont les ambassadeurs approchent le Roi, interagissent avec les autres et accomplissent leur mission.

Le protocole du Royaume va au-delà des règles pour refléter le caractère et la volonté du Roi.

Pourquoi le protocole est important pour les ambassadeurs du Royaume

- Le respect du protocole protège la mission, en empêchant les actions qui pourraient nuire aux relations ou dénaturer la politque et la culture Royaume.
- Il garantit l'alignement sur la volonté du Roi.
- Le respect du protocole permet aux ambassadeurs de rester en phase avec les desseins du Roi, libérant ainsi sa faveur et sa bénédiction.

- Il renforce la confiance et la crédibilité.
- Le respect du protocole permet aux ambassadeurs de gagner la confiance de leurs cibles et l'approbation du Roi.

Protocole en action : exemples bibliques

Esther et le roi de Perse

Esther respectait le protocole de la cour qui consistait à ne s'adresser au roi que lorsqu'elle était convoquée. En se préparant par le jeûne et la prière et en agissant avec sagesse et humilité, elle gagna la faveur du roi et sauva son peuple.

« Si je dois périr péris, je périrai. » (Esther 4 :16, LSG)

David et l'Arche d'Alliance

Lorsque David tenta pour la première fois de transporter l'Arche, il ignora le protocole de Dieu, ce qui entraîna la mort d'Uzza. En suivant les instructions de Dieu et en corrigeant son approche, la mission réussit, amenant l'Arche à Jérusalem avec une grande joie.

« Quand ceux qui portaient l'arche de l'Éternel eurent fait six pas, il sacrifia un taureau et un veau gras. » (2 Samuel 6 :13, LSG)

La soumission de Jésus au Père

Jésus a adhéré parfaitement au protocole du Royaume, cherchant toujours la volonté du Père et agissant en accord avec ses desseins. Cette soumission a été le fondement de la puissance et du succès de son ministère.

« Je ne fais rien de moi-même, mais je dis ce que le Père m'a enseigné. » (Jean 8 :28, LSG)

Les conséquences du non-respect du protocole

Perte de crédibilité et d'influence
Le non-respect du protocole nuit aux relations et compromet la mission de l'ambassadeur.

Désordre et chaos
Le protocole apporte structure et clarté. L'ignorer mène à la confusion et à l'inefficacité.

Jugement et discipline divine
Des exemples bibliques, tels que la mort de Nadab et d'Abihu, montrent qu'ignorer les instructions de Dieu peut entraîner de graves conséquences.

Ambassadeurs du Royaume

Étudier et comprendre les protocoles
Les ambassadeurs doivent s'immerger dans la Parole de Dieu, cherchant à comprendre les principes qui régissent leur mission.

Comptez sur le Saint-Esprit
Le Saint-Esprit fournit des conseils et du discernement, permettant aux ambassadeurs de naviguer dans des situations complexes tout en adhérant au protocole.

Modèle d'intégrité et d'excellence
Suivre le protocole profite non seulement à l'ambassadeur, mais constitue également un exemple pour les autres, inspirant confiance et respect.

Faire preuve d'humilité et de soumission

Le protocole commence par un cœur humble et une volonté de se soumettre à l'autorité du roi. Il est d'applicaton stricte que le représentant diplomatique montre régulièrement son allégeance à sa majesté et affiche une loyauté très prononcé vis-à-vis du Roi de l'univers. Ce serait un crime de lèse-majesté de montrer une posture contraire.

Conclusion

Le protocole n'est pas un fardeau, mais un outil qui permet aux ambassadeurs de représenter efficacement le Roi et de promouvoir avec tact et dignité la culture du Royaume dont ils sont représentants légaux. Ce système protocolaire royal reflète l'ordre et la sagesse de Dieu, garantissant que ses ambassadeurs agissent avec intégrité, crédibilité et succès.

À noter aussi que le protocole royal Divin dépasse de loin et à plus que mille lieux tous les systèmes protocolaires humains réunis, en qualité, en excellence et en opérationnalité.

En respectant le protocole, les ambassadeurs du Royaume honorent leur Roi, protègent leur mission et se positionnent pour la faveur divine.

Questions de réflexion

1. Comment pouvez-vous approfondir votre compréhension des protocoles du Royaume ?
2. Y a-t-il des domaines dans lesquels vous avez négligé ou mal compris le protocole ?
3. Pouvez-vous changer votre comportement pour suivre le Roi ?

4. Êtes-vous déjà ambassadeur du Royaume ?

5. Comment pouvez-vous mieux aligner votre personnage sur le Roi que vous représentez ?

6. Quelles mesures pouvez-vous prendre pour vous engager dans le monde et faire avancer le programme du Royaume ?

CHAPITRE 5

Rétablir les relations diplomatiques entre le Ciel et la Terre

Introduction

Dès la création de l'humanité par Dieu, une relation divine existait entre le Ciel et la Terre. Dieu a confié à l'humanité la tâche d'assurer une bonne gouvernance de la la Terre, de refléter lecaractèr du Roi et d'accomplir sa volonté. Cependant, le péché a rompu cette relation diplomatique, créant un gouffre entre le Ciel et la Terre.

Mais l'histoire ne s'arrête pas là. Le plan de rédemption de Dieu, par Jésus-Christ, a rétabli les relations diplomatiques, invitant l'humanité à revenir en communion avec Lui. Notre mission en tant qu'ambassadeurs du Royaume est de rétablir ce lien, à la fois spirituel et pratique.

La Chute : la relation brisée entre l'humanité avec le Créateur

La conception originale

Dieu a créé l'humanité à son image, en confiant à Adam et Ève la tâche de gouverner la Terre en tant que ses représentants. Dieu leur a donné la domination et les a appelés à cultiver la Terre selon les principes du Ciel (Genèse 1 :26-28).

Informations pratiques

Le rôle de l'humanité n'était pas de dominer la Terre pour des intérêts égoïstes, mais de la gérer avec amour, reflétant le caractère de Dieu.

La perturbation du péché

Quand Adam et Ève ont désobéi à Dieu, ils ont perdu leur autorité et ont brisé la relation entre le Ciel et la Terre. Le péché a introduit le chaos, la rébellion, la corruption et la séparation.

Conséquences:
- Perte de domination : l'humanité a cédé son autorité à l'ennemi.
- Séparation d'avec Dieu : La peur et la honte ont remplacé l'intimité avec Dieu (Genèse 3 :8-10).
- Corruption de la création : La Terre, autrefois un reflet du Ciel, est devenue sujette à la décadence et à la destruction (Romains 8 :20-22).

La réponse de Dieu
Malgré l'échec de l'humanité, Dieu a lancé un plan de réconciliation. Il a promis un Rédempteur qui rétablirait le lien entre le Ciel et la Terre (Genèse 3 :15).

Jésus-Christ : l'Emissaire ultime de la réconciliation

Rétablissement des relations diplomatiques
Le Père a envoyé Jésus comme le chef suprême de la diplomatie céleste, ambassadeur plénipotentaire, afin de restaurer la gloire ternie, et donc engager un plan salvateur pour les perdus. Par sa vie, sa mort et sa résurrection, il a comblé le fossé entre le Ciel et la terre.

Fondement biblique :
« Car Dieu a voulu que toute plénitude habitât en lui, et qu'il ait voulu par lui réconcilier toutes choses avec lui-même » (Colossiens 1:19-20, LSG).

Le message de la réconciliation
Jésus a proclamé le Royaume de Dieu, invitant l'humanité à revenir à la communion avec le Père. Son message était un message d'espoir,

de restauration et de transformation.

> **Exemple:** Par des actes de guérison, de pardon et de compassion, Jésus a démontré la réalité de la culture du Ciel sur Terre.

La Victoire de la Croix
Sur la croix, Jésus a vaincu le péché, la mort et les pouvoirs des ténèbres, rétablissant l'autorité de l'humanité pour qu'elle agisse en tant qu'ambassadeurs du Royaume.

Fondement biblique :
« Celui qui n'a point connu le péché, Dieu l'a fait devenir péché pour nous, afin qu'en lui nous devenions justice de Dieu » (2 Corinthiens 5 :21, LSG).

Le ministère de la Réconciliation

Notre rôle d'ambassadeurs
Rétablir les relations avec Dieu

Notre mission première est de conduire les autres vers la réconciliation avec Dieu. Cela implique de partager l'Évangile, de former des disciples parmi les croyants et de donner l'exemple d'une vie qui reflète l'amour et la sainteté du Roi.

L'organisation d'un événement de sensibilisation communautaire qui répond à la fois aux besoins physiques et spirituels peut offrir aux individus l'occasion de rencontrer l'amour de Dieu.

Réconcilier les communautés
Les ambassadeurs du Royaume œuvrent pour apporter la guérison et l'unité aux familles, aux communautés et aux nations brisées.

Cela implique de lutter contre les injustices sociales, de favoriser le pardon et de construire des ponts de compréhension.

> **Exemple :** La médiation d'un conflit au sein d'une famille ou d'une organisation peut démontrer la puissance de la paix et de la réconciliation de Dieu.

Transformer les systèmes

Au-delà des relations individuelles, les ambassadeurs et ambassadrices sont appelés à influencer les systèmes (gouvernement, éducation, entreprises, etc.) en les alignant sur les principes du Royaume.

> **Exemple :** Défendre des politiques qui favorisent la justice et l'équité au sein d'un gouvernement local reflète les valeurs du Ciel.

Protocole diplomatique pour les ambassadeurs du Royaume

Les ambassadeurs efficaces agissent selon les principes et les directives du Roi. Le protocole garantit l'alignement sur Sa volonté et maximise l'impact de leur mission.

Maintenir une communication constante

Tout comme les diplomates terrestres restent en contact avec leur patrie, les ambassadeurs du Royaume doivent maintenir une relation étroite avec Dieu par la prière, l'adoration et l'étude de Sa Parole.

Fondement biblique :

« Priez sans cesse » (1 Thessaloniciens 5 :17, LSG).

Agir avec intégrité

Les ambassadeurs doivent agir avec honnêteté et transparence, en veillant à ce que leurs actions reflètent les valeurs du Royaume.

> **Exemple:** Être honnête dans vos transactions, même si cela peut vous coûter cher, préserve l'intégrité du nom du Roi.

Démontrer une conscience culturelle

Les ambassadeurs efficaces comprennent la culture et le contexte des personnes qu'ils servent. Cela leur permet de communiquer le message du Royaume de manière efficace.

> **Exemple:** Utiliser des traditions ou des histoires locales pour illustrer les vérités de l'Évangile rend le message plus pertinent et plus percutant.

Défenseur de la paix

Les ambassadeurs sont des artisans de paix qui s'efforcent de résoudre les conflits et de promouvoir l'harmonie. Cela implique de lutter contre l'injustice et de défendre la justice.

Fondement biblique :

« Heureux ceux qui procurent la paix, car ils seront appelés fils de Dieu » (Matthieu 5 :9, LSG).

Le pouvoir de la réconciliation

La réconciliation est au cœur de la mission du Royaume. Elle apporte guérison, restauration et transformation à tous les niveaux de la vie.

Guérir les relations brisées

Que ce soit entre individus, familles ou communautés, la réconciliation restaure ce que le péché a fracturé.

Exemple: Conseiller un couple au bord du divorce peut conduire à un amour et une unité restaurés, reflétant la puissance rédemptrice du Royaume.

Rétablir l'ordre dans les systèmes

Lorsque nous introduisons les principes du Royaume, nous rachetons les systèmes corrompus et créons des environnements où la justice et la droiture prospèrent.

Exemple: Le partenariat avec des organisations pour lutter contre la pauvreté ou les inégalités systémiques reflète l'engagement du Ciel en faveur de la justice.

Amener le paradis sur terre

Chaque acte de réconciliation est un pas vers le but ultime : la réalisation du Paradis sur Terre.

Fondement biblique :

« Que ton règne vienne ; que ta volonté soit faite sur la terre comme au ciel » (Matthieu 6 :10, LSG).

Étapes pratiques pour les ambassadeurs

- Priez pour la réconciliation : intercédez pour les relations, les communautés et les systèmes brisés, en demandant à Dieu d'apporter la guérison et la restauration.

- Engagez-vous avec intentionnalité : recherchez des opportunités de servir de pont entre le ciel et la terre, que ce soit par le biais de relations, de projets ou de plaidoyer.

- Vivez comme un exemple : Soyez un modèle de réconciliation dans votre propre vie en recherchant le pardon, en faisant preuve de grâce et en construisant l'unité partout où cela est possible.

- Équipez les autres : Formez et responsabilisez les autres pour qu'ils rejoignent le ministère de la réconciliation, multipliant ainsi votre impact pour le Royaume.

Conclusion

Le ministère de la réconciliation est une vocation sacrée. En tant qu'ambassadeurs du Royaume, nous avons le privilège et la responsabilité de rétablir le lien entre le Ciel et la Terre, en apportant guérison, espoir et transformation.

Le monde attend des ambassadeurs qui sauront relever ce défi. Répondrez-vous à l'appel et assumerez-vous votre rôle de bâtisseur de ponts pour le Royaume ?

Questions de réflexion

1. Comment pouvez-vous participer activement au ministère de la réconciliation dans votre communauté ?
2. Y a-t-il des relations dans votre vie qui ont besoin de guérison ou de restauration ?
3. Quelles mesures pouvez-vous prendre pour influencer les systèmes qui vous entourent avec les principes du Royaume ?
4. Que signifie pour vous la réconciliation et comment pouvez-vous participer à ce ministère dans votre communauté ?
5. Y a-t-il des domaines dans votre vie où vous avez besoin de restaurer votre relation avec Dieu ou avec les autres ?
6. Comment pouvez-vous apporter les valeurs du Royaume aux systèmes et aux structures avec lesquels vous interagissez quotidiennement ?

CHAPITRE 6

L'Église – Une nation du Royaume en action

Introduction

Lorsque Jésus a dit : « Je bâtirai mon Église, et les portes du séjour des morts ne prévaudront pas contre elle » (Matthieu 16 :18, LSG), il a introduit un concept révolutionnaire. Le mot grec Ekklesia, qui désigne une assemblée de citoyens appelés à gouverner les affaires d'une cité-État, a inspiré la traduction du mot « Église ». Cette assemblée avait le pouvoir de légiférer, de prendre des décisions et de façonner la culture.

> *Jésus* a redéfini l'Ekklesia comme un corps dirigeant de citoyens du Royaume chargé de faire avancer le programme du Ciel sur Terre.

Ekklesia n'est pas une institution religieuse limitée à un bâtiment, mais une nation d'ambassadeurs chargés de transformer le monde.

La mission de l'Ekklesia

L'Ekklesia n'est pas passive, elle est active et transformatrice. Sa mission comprend les points suivants :

Faire progresser l'agenda du Royaume

Les devoirs de l'Ekklesia comprennent l'établissement de la volonté de Dieu dans tous les domaines de la vie, l'influence des systèmes, la transformation de la culture et l'apport de la culture du Ciel sur Terre.

À titre d'exemple, l'organisation de forums communautaires pour traiter des problèmes locaux tout en intégrant les principes du Royaume peut influencer la gouvernance et la politique.

Légiférer dans l'Esprit

En tant qu'organe directeur, l'Ekklesia a le pouvoir de légiférer dans le domaine spirituel. Cela comprend la prière, l'intercession et les déclarations qui libèrent la puissance du Ciel.

Fondement biblique :

«Je te donnerai les clés du royaume des cieux : tout ce que tu interdiras sur la terre sera interdit aux yeux de Dieu et tout ce que tu autoriseras sur la terre sera autorisé aux yeux de Dieu (version Semeur)» (Matthieu 16 :19, LSG)

Discipliner les nations

La Grande Mission appelle l'Ekklesia à faire des disciples parmi les nations, en leur enseignant à observer les commandements du Christ. Cela implique de collaborer avec les institutions culturelles, éducatives et gouvernementales pour les aligner sur les valeurs du Royaume.

> *Exemple:* L'élaboration de programmes de formation au leadership qui intègrent les principes bibliques permet aux futurs dirigeants d'agir avec intégrité et sagesse.

L'Ekklesia est l'ambassade du ciel

Chaque nation possède des ambassades dans des pays étrangers, qui servent d'extensions de l'autorité et de la culture de leur pays d'origine. L'Ekklesia fonctionne comme l'ambassade du Ciel sur Terre, un lieu où :

La culture du Royaume est enseignée et démontrée

L'Ekklesia est un centre de discipulat, équipant les croyants pour vivre les valeurs et les principes du Royaume.

> *Exemple:* Les églises qui proposent des cours sur la gestion financière, la parentalité ou les pratiques commerciales éthiques

reflètent les priorités du Ciel.

Les ressources du Royaume sont distribuées
L'Ekklesia fournit des ressources spirituelles – enseignement, communion et autonomisation par le Saint-Esprit – qui équipent les croyants pour leur mission.

Les citoyens du Royaume trouvent refuge
L'Ekklesia est un sanctuaire pour celles et ceux qui naviguent dans les défis d'un monde brisé, offrant encouragement, guérison et restauration.

L'autorité de l'Ekklesia
L'autorité de l'Ekklesia vient du Roi. Jésus a déclaré : « Tout pouvoir m'a été donné dans le ciel et sur la terre » (Matthieu 28 :18, LSG), et il a confié cette autorité à son Ekklesia.

Lier et délier
L'Ekklesia peut lier et desserrer les choses qui vont à l'encontre de la Grâce.

> *Exemple:* Intercéder pour une ville en proie à la violence et déclarer la paix et la restauration par la prière démontre le pouvoir de lier et de perdre.

Dire la vérité aux pouvoirs
Tout comme les prophètes de l'Ancien Testament affrontaient les rois, l'Ekklesia est appelée à s'attaquer à la corruption, à l'injustice et à l'iniquité.

> *Exemple:* Plaider en faveur de politiques éthiques ou demander des comptes aux dirigeants permet d'aligner les systèmes

sociétaux sur les normes du Royaume.

Déclarer la volonté du ciel
Par la prière et la proclamation, l'Ekklesia libère le programme du Ciel dans le royaume terrestre.

Fondement biblique :
« Que ton règne vienne ; que ta volonté soit faite sur la terre comme au ciel » (Matthieu 6:10, LSG).

L'Ekklesia en action

L'Ekklesia ne se limite pas aux activités spirituelles dans les quatre murs de l'église. Nous appelons l'Ekklesia à s'engager dans le monde, en apportant l'influence du Royaume dans toutes les sphères de la société.

Gouvernement et leadership
L'Ekklesia défend des politiques et des dirigeants qui s'alignent sur les valeurs du Royaume, promouvant la justice et l'intégrité.

> ***Exemple:*** Le partenariat avec les représentants du gouvernement pour mettre en œuvre des initiatives de développement communautaire reflète les principes du Royaume.

Affaires et économie
Les entrepreneurs et les professionnels du Royaume font preuve de pratiques éthiques et créent des opportunités qui reflètent la générosité de Dieu.

Éducation
Les croyants dans le domaine de l'éducation façonnent l'esprit des générations futures en remettant en question les idéologies impies

et en promouvant la vérité.

Médias et arts

À travers un narratif représentatif de la gouverance royale et sonexpression créative, l'Ekklesia façonne des récits culturels, mettant en valeur la créativité et la rédemption du Royaume.

Unité au sein de l'Ekklesia

Pour que l'Ekklesia puisse remplir sa mission, l'unité est essentielle. La division affaiblit son influence, tandis que l'unité libère la puissance de Dieu.

Un corps et de nombreuses parties

L'Ekklesia est diversifiée, chaque membre apportant des dons et des perspectives uniques. Tous les membres doivent travailler ensemble pour la mission commune.

Fondement biblique :

« Vous êtes le corps de Christ, et chacun de vous en est un membre » (1 Corinthiens 12:27, LSG).

Alignement spirituel

L'unité vient de l'alignement sur l'Esprit de Dieu, en se concentrant sur Sa volonté plutôt que sur ses agendas personnels.

Soutien mutuel

L'Ekklesia appelle ses membres à se soutenir et à s'encourager mutuellement, favorisant une culture d'amour et de collaboration.

> *Exemple:* Les églises qui collaborent dans la réalisation d'événements de sensibilisation à l'échelle de la ville démontrent le pouvoir de l'unité dans l'avancement du Royaume.

Conclusion

Le monde attend que l'Ekklesia se lève. Le temps du christianisme passif est révolu. Le Roi appelle Son peuple à assumer son rôle d'ambassadeurs du Royaume et de membres de Son corps dirigeant.

Questions de réflexion

1. Comment voyez-vous le rôle de l'Ekklesia dans votre communauté ou votre nation ?

2. Quelles mesures pouvez-vous prendre pour contribuer à la mission de l'Ekklesia ?

3. Votre vie a-t-elle besoin de s'aligner davantage sur les valeurs et les missions du Royaume ?

CHAPITRE 7

L'influence du Royaume dans chaque sphère de la société

Introduction

Lorsque Jésus a ordonné à ses disciples d'« aller dans le monde entier » (Marc 16.15, LSG), il leur a demandé de s'intéresser aux systèmes, aux idéologies et aux domaines qui régissent la vie humaine. Il s'agit notamment du gouvernement, de l'éducation, des affaires, de la famille, des médias, des arts, etc. Son appel s'étendait au-delà des frontières géographiques, visant à transformer la structure même de la société.

En tant qu'ambassadeurs du Royaume, notre vocation va au-delà de la sainteté personnelle pour inclure la réforme de la société. Matthieu 5 :13-16 nous envoie dans ces sphères comme sel et lumière, les imprégnant de la culture et des valeurs du Ciel et assurant l'accomplissement de la volonté de Dieu « sur la terre comme au ciel » (Matthieu 6:10, LSG).

Les sept piliers de la société

Les Sept(7) Piliers sont des domaines fondamentaux qui façonnent les sociétés et déterminent leur trajectoire. Les ambassadeurs du Royaume occupent une position unique pour influencer ces sphères avec des principes divins, garantissant le triomphe des desseins de Dieu.

1. Gouvernement et leadership

Les gouvernements façonnent les sociétés, par la divulgation des lois, font respecter la justice et déterminent l'avenir des nations. Cette sphère est essentielle pour assurer la paix, l'équité et la justice. Les ambassadeurs du Royaume apportent intégrité, responsabilité et sagesse à ce domaine, en défendant des politiques et des pratiques qui honorent Dieu.

Exemple biblique : Le leadership de Joseph en Égypte a non seulement préservé des vies, mais a également montré la sagesse de Dieu face à une nation païenne (Genèse 41).

Exemple: Un chrétien servant dans une administration locale peut faire pression en faveur d'une gouvernance éthique, de la transparence et de la justice pour les marginalisés.

Réflexion : Comment pouvez-vous défendre la justice au sein de vos structures de gouvernance locales ?

2. Affaires et économie

Le marché est une force puissante dans la distribution des ressources et la création de richesses sociétales. Les ambassadeurs du Royaume sont des modèles de pratiques éthiques, de gestion et de générosité, utilisant leurs plateformes pour honorer Dieu et élever les communautés.

Exemple biblique : La femme de Proverbes 31 était une entrepreneuse prospère qui subvenait aux besoins de sa famille et donnait aux nécessiteux.

Exemple: Créer une entreprise qui défend des salaires équitables et soutient des initiatives communautaires reflète les valeurs du Royaume.

Les dirigeants du marché peuvent intégrer les principes du Royaume dans les pratiques d'embauche, en garantissant un traitement équitable des employés et en utilisant les bénéfices pour soutenir les causes du Royaume.

3. Éducation

L'éducation façonne l'esprit des générations futures, influençant leurs croyances et leurs comportements. Les ambassadeurs du Royaume dans ce domaine remettent en question les idéologies impies, promeuvent la vérité et inculquent les valeurs bibliques aux étudiants.

> ***Exemple:*** Les enseignants peuvent introduire subtilement des principes bibliques, tels que l'intégrité et la persévérance, dans le programme scolaire, créant ainsi une base pour une pensée critique ancrée dans la vérité.

Les écoles et les éducateurs chrétiens peuvent collaborer pour concevoir des programmes qui mettent l'accent sur les valeurs divines et offrent des environnements sûrs pour l'apprentissage.

4. Médias et arts

Les médias et les arts façonnent les récits, l'opinion publique et les valeurs culturelles. Les ambassadeurs du Royaume utilisent ces plateformes pour mettre en avant la rédemption, la vérité et l'espoir, repoussant ainsi les ténèbres.

> ***Exemple*** biblique : les Psaumes de David sont des expressions artistiques intemporelles d'adoration, reliant les générations à Dieu.

> ***Exemple:*** Produire un documentaire sur la résilience fondée sur la foi face à l'adversité peut inspirer les spectateurs et modifier les perceptions culturelles.

Les musiciens, les cinéastes et les artistes peuvent intentionnellement créer des œuvres qui reflètent la créativité de Dieu, influençant positivement la culture.

5. Familles et relations

La famille est la première institution de Dieu et la pierre angulaire de la société. Des familles saines mènent à des communautés saines. Promouvoir le projet de Dieu pour le mariage, la parentalité et les relations est la tâche des ambassadeurs du Royaume.

> *Exemple:* Organiser des ateliers sur la construction de mariages solides ou diriger des cours sur la parentalité fondée sur des principes bibliques favorise une dynamique familiale plus saine.

Les ministères peuvent étendre leur champ d'action aux ménages monoparentaux, aux familles en situation de séparation temporaire (partenaire vivant à l'étranger) et aux familles recomposées, en offrant un soutien et des conseils bibliques adaptés à leurs défis particuliers.

6. Santé et bien-être

La santé physique, émotionnelle et spirituelle est essentielle à l'épanouissement des communautés. Les ambassadeurs du Royaume dans ce domaine apportent compassion, guérison et soins holistiques, démontrant ainsi l'intérêt de Dieu pour la personne dans son ensemble.

> *Exemple* biblique : Le ministère de guérison de Jésus était une démonstration profonde de l'amour du Ciel pour les brisés.

> *Exemple:* Le lancement de cliniques de santé mobiles qui offrent des soins médicaux ainsi que des prières et des encouragements apportent une restauration dans les zones mal desservies.

Les professionnels de la santé du Royaume peuvent plaider en faveur d'une sensibilisation à la santé mentale et intégrer la prière et le conseil basé sur la foi dans leurs pratiques.

7. Science, innovation et agriculture

L'innovation est le reflet de la créativité de Dieu. Dans ce domaine, les ambassadeurs du Royaume développent des solutions qui honorent la création, améliorent la vie et gèrent les ressources avec sagesse.

> *Exemple* biblique : Le savoir-faire spirituel de Betsaléel et d'Oholiab dans la conception du Tabernacle reflète l'intégration de la créativité et de l'habileté divines (Exode 31 :1-6).

> *Exemple:* Le lancement d'initiatives agricoles respectueuses de l'environnement qui luttent contre la pénurie alimentaire tout en prenant soin de la création reflète la gestion du Royaume.

Impliquer les sphères d'influence

Les ambassadeurs du Royaume doivent s'engager délibérément auprès des systèmes de ce monde pour provoquer des changements. L'engagement implique préparation, collaboration et persévérance.

Comprendre la culture

Un ambassadeur efficace doit étudier les valeurs, les besoins et la dynamique de la sphère qu'il est appelé à influencer.

> *Exemple:* Un enseignant qui étudie les lacunes en matière d'éducation communautaire peut plaider en faveur de programmes conformes aux valeurs bibliques.

Intégrer () les principes du Royaume

L'introduction de l'intégrité, de la générosité, de la compassion et de la justice dans ces sphères amorce le processus de transformation.

Collaborer avec les autres

Les ambassadeurs ne peuvent pas à eux seuls susciter une réforme sociétale. En travaillant ensemble, en tirant parti des dons et des réseaux, on amplifie l'impact.

Un exemple de cela est lorsque les églises s'associent aux entreprises pour lutter contre le sans-abrisme, en combinant conseils spirituels et ressources pratiques.

Persévérer face à l'opposition

Le changement n'est pas toujours facile et les ambassadeurs peuvent rencontrer des résistances. Avec persévérance, la confiance dans le calendrier de Dieu et la confiance dans le Saint-Esprit, ils peuvent surmonter les défis.

La différence entre la Terre et le monde

La Terre

La Terre, en tant que création de Dieu, reflète sa créativité et sa beauté. En tant qu'ambassadeurs du Royaume, nous avons la responsabilité de la gérer de manière responsable. « Ne faites point de mal à la terre, ni à la mer, ni aux arbres,.. » Apoc. 7 :3

Le monde

Le monde fait référence aux systèmes et aux idéologies corrompus par le péché. Notre mission est de transformer ces systèmes pour les aligner sur les principes du Royaume.

Mandat scripturaire :

« Ne vous conformez pas au siècle présent, mais soyez transformés par le renouvellement de l'intelligence. » (Romains 12 :2, LSG)

Stratégies pratiques pour influencer

Commencez là où vous êtes
Reconnaissez l'influence que vous avez déjà au sein de votre famille, de votre lieu de travail ou de votre communauté et commencez à vivre les valeurs du Royaume.

Établir des relations
La confiance et la collaboration constituent la base d'un changement efficace. Investissez dans les relations pour créer des opportunités de dialogue et d'influence.

À la recherche de l'excellence
L'excellence glorifie Dieu, renforce la crédibilité et crée des opportunités d'influence.

Dire la vérité au pouvoir
Les ambassadeurs doivent faire preuve d'audace dans leur défense de la justice, même face à l'opposition.

Priez pour la transformation
La prière invite la puissance de Dieu dans les systèmes et les situations brisés, les alignant sur sa volonté.

Le rôle de l'Ekklesia dans la société

L'Ekklesia est le moteur de la transformation sociétale, permettant aux ambassadeurs de s'engager efficacement dans le monde afin le grain de sel Divin qui fera toute la différence.

S'équiper pour le service

Les programmes de formation et les initiatives de discipulat préparent les croyants à avoir un impact sur leurs sphères d'influence.

Mobilisation pour un impact

L'Ekklesia organise des efforts de collaboration pour relever les défis sociétaux, de la réforme de l'éducation à la réduction de la pauvreté.

Faire progresser l'agenda du Royaume

En tant que corps unifié, l'Ekklesia influence stratégiquement les nations pour qu'elles s'alignent sur le Royaume du Christ.

Conclusion

La mission des ambassadeurs du Royaume est de transformer les systèmes du monde avec les principes et la puissance du Ciel. Cet appel requiert foi, courage et obéissance, mais il apporte également le privilège de s'associer à Dieu pour voir Son Royaume s'établir sur Terre.

Où que Dieu vous ait placé, n'oubliez pas que votre influence porte l'autorité du Roi. Le monde attend la lumière, l'espoir et la vérité que vous apportez.

Questions de réflexion

1. Dans quelle sphère d'influence Dieu vous a-t-il appelé à vous engager ?
2. Comment pouvez-vous appliquer les principes du Royaume dans votre contexte actuel ?
3. Quelles mesures pouvez-vous prendre pour établir des relations et créer des changements dans votre sphère ?
4. Existe-t-il des systèmes ou des idéologies spécifiques où vous

vous sentez appelé à remettre en question ou à transformer ?

5. Comment pouvez-vous collaborer avec d'autres pour étendre l'influence de votre royaume ?

CHAPITRE 8

Agir en tant que diplomates du royaume à l'époque moderne

Introduction

Le rôle d'un diplomate est essentiel : représenter son pays, nouer des alliances saines et influencer les décisions prises dans des pays étrangers. En tant qu'ambassadeurs du Royaume, nous incarnons le rôle de diplomates spirituels, servant de canal entre le Créateur et l'humanité.

Notre mission consiste à introduire les valeurs du Royaume dans un monde souvent opposé à elles, en se présentant comme des phares d'espoir et de transformation.

Dans le monde d'aujourd'hui, en évolution rapide et constante, ce rôle exige une profonde confiance dans le Saint-Esprit, une conscience culturelle et une sagesse pratique.

En s'engageant auprès des systèmes sociétaux sans s'y conformer, la diplomatie Céleste cherche à les influencer avec la puissance transformatrice du Royaume de Dieu.

La nature de la diplomatie moderne

La diplomatie consiste à gérer les relations, à favoriser la collaboration et à combler les écarts entre des points de vue différents. La diplomatie du Royaume reflète cela en s'engageant auprès des systèmes du monde tout en restant fidèle aux principes de Dieu.

Sensibilisation culturelle

Pour influencer efficacement, les ambassadeurs doivent comprendre la culture, les croyances et les valeurs de celles et ceux qu'ils cherchent à influencer. La sensibilité culturelle améliore la communication et renforce la confiance.

Exemple biblique : Paul, à Athènes, a établi un lien avec les Grecs en faisant référence à leur autel dédié à un « dieu inconnu », introduisant habilement l'Évangile dans leur cadre culturel (Actes 17:22-31).

Exemple: Un travailleur socialchrétien qui prend en compte les coutumes et les traditions culturelles peut répondre efficacement aux besoins de la communauté tout en introduisant les valeurs du Royaume.

La sensibilisation culturelle implique également de respecter les traditions sans compromettre la vérité biblique. Participer à un festival communautaire est l'occasion de transmettre discrètement et respectueusement les principes bibliques.

Discernement spirituel

Le Saint-Esprit est le guide ultime des ambassadeurs du Royaume.
Le discernement nous permet de voir les réalités spirituelles derrière les situations physiques et de développer des stratégies alignées sur la volonté de Dieu.

Fondement scripturaire :
« Quand le consolateur viendra, l'Esprit de vérité, il vous conduira dans toute la vérité » (Jean 16 :13, LSG).

Exemple: Un pasteur qui dirige une marche de prière dans un quartier en proie à la violence peut discerner des points forts spirituels spécifiques à traiter, tels que la peur ou le désespoir, en adaptant les prières d'intercession en conséquence.

Intelligence relationnelle

La confiance est la monnaie de la diplomatie.

Les ambassadeurs doivent accorder priorité à l'établissement de relations, faire preuve d'empathie, de compréhension et de compétences en communication efficace pour favoriser la collaboration et l'influence.

> **Exemple:** Un entrepreneur chrétien qui s'associe à des entreprises laïques pour relever des défis sociétaux renforce la confiance et ouvre des voies pour un impact sur le Royaume.

L'intelligence relationnelle implique une écoute active et la rencontre des gens là où ils se trouvent. L'organisation de dialogues interreligieux sur les pratiques commerciales éthiques tout en introduisant subtilement les principes du Royaume en est un exemple.

Caractéristiques d'un diplomate du Royaume

Être un diplomate du Royaume exige une force spirituelle et des compétences pratiques. Ces caractéristiques permettent aux ambassadeurs de relever efficacement les défis tout en faisant progresser le programme de Dieu.

Sagesse et stratégie

Les diplomates doivent faire preuve de stratégie et relever les défis avec discernement. L'instruction de Jésus d'être « prudents comme des serpents et innocents comme des colombes » (Matthieu 10 :16) illustre l'équilibre entre perspicacité et pureté requis en diplomatie.

La stratégie diplomatique céleste consiste à savoir quand parler avec, tact, sagesse et audace et quand observer tranquillement, en donnant toujours la priorité au timing du Saint-Esprit.

Patience et persévérance

La transformation du Royaume est un processus à long terme. La patience permet aux ambassadeurs de rester fidèles même lorsque les résultats ne sont pas immédiats.

> *Exemple:* Un missionnaire travaillant dans une culture résistante peut passer des années à instaurer la confiance avant de voir des fruits, mais la persévérance l'aligne sur le calendrier de Dieu.

La persévérance implique une endurance spirituelle, comme le jeûne et la prière pour briser la résistance.

Courage et audace

Représenter le Royaume signifie souvent tenir ferme face à l'opposition, à l'injustice et à la résistance culturelle. Les ambassadeurs doivent avoir le courage d'affronter les torts et de dire la vérité avec amour.

> *Exemple* biblique : Le courage de Shadrach, Meshach et Abed-Nego de défier le décret du roi Nebucadnetsar démontre une allégeance audacieuse à Dieu plutôt qu'à l'autorité humaine (Daniel 3:16-18).

> *Exemple:* Un croyant qui s'oppose à des pratiques contraires à l'éthique sur son lieu de travail risque d'être aliéné, peut être même viré de son poste, néanmoins il démontre la puissance de la défense des principes du Royaume.

Leadership de service

Les diplomates du Royaume dirigent en servant les autres, reflétant l'humilité et l'amour du Christ. Leur leadership inspire la transformation en modelant le cœur de Dieu.

Exemple biblique : Jésus lavant les pieds de ses disciples illustre le leadership de service, démontrant l'amour, l'humilité et la volonté de servir les autres (Jean 13 :1–17).

Exemple: Un dirigeant communautaire qui organise des collectes de nourriture pour les sans-abri incarne le leadership serviteur, répondant aux besoins pratiques tout en partageant l'amour de Dieu.

Impliquer les systèmes modernes avec l'influence du royaume

Les ambassadeurs du Royaume ne sont pas appelés à s'isoler, mais à s'engager de manière significative dans les systèmes du monde, apportant l'influence du Ciel dans chaque sphère.

Gouvernement et politique

Les ambassadeurs au sein du gouvernement défendent la justice, l'équité et la droiture en influençant les politiques pour refléter les valeurs du Royaume.

Exemple biblique : Pendant la famine, le leadership de Joseph en Égypte a préservé des vies, démontrant ainsi la sagesse et la compassion de Dieu (Genèse 41).

Un croyant travaillant dans une administration locale pourrait soutenir des initiatives visant à fournir des ressources aux communautés mal desservies.

Entreprises et innovation

Les entrepreneurs chrétiens peuvent donner l'exemple en matière de pratiques éthiques, offrir des salaires équitables et utiliser leurs bénéfices au profit de la société, reflétant ainsi la générosité de Dieu.

> *Exemple:* Une entreprise qui fait don d'une partie de ses bénéfices à des projets de développement communautaire reflète la gestion du Royaume.

Les chefs d'entreprise soucieux du Royaume peuvent encadrer les jeunes entrepreneurs, garantissant ainsi un héritage d'intégrité et d'innovation.

Éducation et connaissances

Les éducateurs façonnent l'esprit de la prochaine génération. Les enseignants et les administrateurs chrétiens peuvent intégrer les principes bibliques dans les programmes scolaires et favoriser des environnements de vérité et d'intégrité.

> *Exemple:* Un professeur chrétien qui développe un cours sur l'éthique et la moralité intègre la sagesse biblique dans ses discussions académiques.

L'organisation de programmes parascolaires offrant du mentorat et du discipulat peut influencer la vie des élèves au-delà de la salle de classe.

Médias et arts

Les médias et les arts sont des outils puissants pour façonner la culture. Les ambassadeurs du Royaume les utilisent pour raconter des histoires de rédemption, de justice et d'espoir, influençant ainsi les discours publics.

> *Exemple:* Créer des films ou écrire des articles qui mettent l'accent sur la résilience fondée sur la foi et la justice sociale a le potentiel d'influencer les normes culturelles.

Les artistes visuels créant des peintures murales sur des thèmes bibliques dans les espaces publics introduisent subtilement les principes du Royaume dans la conversation culturelle.

Le rôle de la prière dans la diplomatie

La prière est le fondement de la diplomatie spirituelle, alignant les ambassadeurs sur la volonté de Dieu et leur donnant le pouvoir d'opérer avec l'autorité divine.

Libérer la volonté du Ciel sur la terre

Les prières permettent aux ambassadeurs d'apporter les solutions du Ciel aux problèmes de la Terre. C'est un outil puissant pour libérer les stratégies divines.

Briser les forteresses

Par la prière, les ambassadeurs du Royaume peuvent démanteler les forteresses spirituelles qui entravent la transformation.

> *Exemple:* Les équipes de prière qui intercèdent pour les villes où le taux de criminalité est élevé peuvent cibler les racines spirituelles comme la cupidité, la colère et le désespoir, ouvrant ainsi la voie à la paix.

Intercéder pour les dirigeants

Nous appelons les ambassadeurs à prier pour les dirigeants, demandant à Dieu de guider leurs décisions et leurs actions.

Mandat scripturaire :

« J'exhorte donc, avant toutes choses, à faire des requêtes, des prières, des intercessions, des actions de grâces pour tous les hommes, pour les rois et pour tous ceux qui sont élevés en dignité. » (1 Timothée 2 :1-2, LSG)

Naviguer entre opposition et résistance
Les ambassadeurs du Royaume font face à la résistance, mais la grâce et la persévérance leur permettent de rester efficaces.

Répondre à la persécution
Les ambassadeurs doivent répondre aux critiques ou à l'opposition avec grâce, en faisant confiance à Dieu pour les justifier.

Surmonter les barrières culturelles
Les ambassadeurs comblent les écarts culturels en faisant preuve de compréhension et d'amour, en favorisant la confiance et le dialogue.

Maintenir l'intégrité
Rester fidèle aux principes du Royaume assure une crédibilité et une influence à long terme.

L'impact de la diplomatie du Royaume
Lorsque les ambassadeurs agissent efficacement, les résultats sont transformateurs :

- Relations restaurées : guérir les divisions et favoriser l'unité
- Systèmes réformés : influencer la gouvernance, les entreprises et l'éducation avec les principes du Royaume.
- Communauté revitalisée : apporter guérison, espoir et renouveau.
- Les nations transformées : accomplir la Grande Mission en faisant des nations des disciples.

Conclusion
En tant que diplomates royaux, vous devez représenter le ciel. Ce rôle exige du courage, de l'humilité et la foi en Dieu. Entrez dans votre mission avec confiance, sachant que le Roi vous donne le

pouvoir de surmonter les obstacles et de changer le monde.

Questions de réflexion

1. Dans quels domaines de la société pouvez-vous servir en tant que diplomate du Royaume ?
2. Comment pouvez-vous construire des ponts dans votre communauté pour partager les valeurs du Royaume ?
3. Quelles mesures pouvez-vous prendre pour influencer les défis systémiques dans lesquels vous vous trouvez ?
4. Comment pouvez-vous utiliser la prière pour renforcer votre impact en tant que diplomate du Royaume ?
5. Quelles qualités personnelles pouvez-vous cultiver pour devenir un représentant plus efficace du Christ ?

CHAPITRE 9

Refléter le Gouvernement du Ciel dans Ttous les Ddomaines de la Vie

Introduction

Le Royaume de Dieu fonctionne suivant des principes très différents des systèmes de ce monde. Ces principes servent de modèle pour le fonctionnement de la vie, des relations et de la gouvernance, et ne sont pas seulement de simples idéaux.

Notre rôle d'ambassadeurs du Royaume consiste à refléter la gouvernance du Ciel dans tous les aspects de notre vie et à guider les systèmes environnants pour qu'ils se conforment au plan de Dieu.

La droiture, la justice, la miséricorde et la vérité caractérisent

Le gouvernement du Ciel est caractérisé par la droiture, la justice, la miséricorde et la vérité. Nous devons d'abord vivre sous le règne du Roi pour incarner Son ordre, Sa paix et Sa justice dans nos sphères d'influence.

Comprendre le gouvernement du ciel

La nature du règne du ciel

La nature et le caractère de Dieu constituent le fondement du gouvernement du Ciel. Ils contrastent fortement avec les systèmes terrestres souvent entachés par la corruption et l'intérêt personnel.

La justice et la droiture L'équité et l'intégrité morale constituent le fondement du règne de Dieu.

Fondement scripturaire :

« La justice et l'équité sont la base de ton trône ; la bonté et la fidélité marchent devant ta face. » (Psaume 89:14, LSG)

Miséricorde et grâce

Le gouvernement du Ciel est rédempteur, offrant le pardon et la restauration.

> **Exemple** : Une organisation qui met en œuvre des pratiques de justice réparatrice reflète la nature rédemptrice du Ciel.

Paix et ordre
Le gouvernement du ciel remplace le chaos par l'harmonie et la structure divines.

Fondement scripturaire :
« Car Dieu n'est pas un Dieu de désordre, mais de paix » (1 Corinthiens 14 :33, LSG).

Vérité et transparence
La tromperie n'a pas sa place dans le gouvernement du Ciel, qui opère avec une honnêteté inébranlable.

> **Exemple:** Les principes d'honnêteté et de transparence sur le lieu de travail reflètent ceux du gouvernement du Ciel.

Le rôle du roi
Le Royaume reflète le caractère de son Roi, qui gouverne avec une autorité absolue, un amour inébranlable et une sagesse infinie.

Fondement scripturaire :
« L'Éternel règne pour toujours ; il a établi son trône pour le jugement. Il gouverne le monde avec justice, et il juge les peuples avec équité. » (Psaumes 9 :7-8, LSG)

Refléter le gouvernement du Ciel commence par reconnaître la souveraineté de Dieu dans chaque décision et action.

Vivre sous le gouvernement du Ciel

Soumission à l'autorité du roi
Vivre sous le gouvernement du Ciel commence par une soumission totale au règne de Dieu, en abandonnant nos désirs pour nous aligner sur Sa volonté.

Mandat scripturaire :
« Que ton règne vienne ; que ta volonté soit faite sur la terre comme au ciel » (Matthieu 6 :10, LSG).

> *Exemple:* Un dirigeant qui consulte Dieu dans la prière avant de prendre des décisions importantes sert d'exemple de soumission à l'autorité du Roi.

Marcher dans l'obéissance
L'obéissance à la Parole de Dieu aligne notre vie sur les normes du Ciel. Par l'obéissance, nous devenons des instruments pour Ses plans et Ses desseins.

> *Exemple:* Choisir l'intégrité dans les relations d'affaires, même si cela entraîne une perte personnelle, reflète l'obéissance au Royaume.

Refléter les valeurs du Royaume
Les ambassadeurs doivent incarner les valeurs du Royaume telles que l'amour, l'humilité, la générosité et l'intégrité dans leur vie personnelle et professionnelle.

> *Exemple:* Un manager qui traite ses employés avec dignité et équité démontre les principes du Ciel sur le lieu de travail.

Transformer les systèmes terrestres avec les principes du Royaume

Nous appelons les ambassadeurs du Royaume à s'engager et à transformer les systèmes du monde, en veillant à ce qu'ils reflètent les valeurs du Ciel.

Gouvernement et leadership

Les ambassadeurs défendent la justice, l'équité et le leadership serviteur au sein de la gouvernance.

> ***Exemple*** biblique : Néhémie a reconstruit les murs de Jérusalem, unissant ainsi le peuple et illustrant un leadership pieux (Néhémie 2-6).

Un dirigeant local qui donne la priorité aux projets destinés aux communautés mal desservies reflète la justice et la compassion du Ciel.

Affaires et économie

Le marché est une plateforme permettant de démontrer l'intendance, l'équité et la générosité.

> ***Exemple:*** Un entrepreneur qui investit dans des pratiques durables et soutient le bien-être des employés reflète la justice et la générosité du gouvernement du Ciel.

Les entreprises du Royaume peuvent mettre en place des programmes de bourses ou des initiatives pour aider les communautés marginalisées.

Éducation et médias

Les ambassadeurs dans les domaines de l'éducation et des médias façonnent la culture en enseignant la vérité et en communiquant des valeurs qui correspondent aux principes de Dieu.

Un enseignant qui encourage le respect et l'équité en classe contribue à créer une culture qui reflète l'ordre du Ciel.

Un producteur de médias intègre les valeurs du Royaume dans les récits culturels en créant du contenu qui favorise l'unité et l'espoir. Aujourd'hui, les plateformes technologiques restent sans contestation un canal de taille pour diffuser les messages du royaume dans tous les domaines confondus et maitrisés par les enfants de Dieu. Comme Jésus eut à dire: les enfants de Dieu doivent se montrer plus habiles et intelligents en investissant les espaces cybernétiques pour une bonne représentation de la gouvernance royale, par la qualité et l'excellence des contenus mis en ligne. Conséquemment, il se doit d'être un médiateur compétent et oint pour imposer avec lumière la culture suprême, celle du Royaume face aux cultures en situation de dégénérescence.

Le rôle de l'Ekklesia dans la gouvernance

L'Ekklesia est l'organe directeur des citoyens du Royaume, chargé de la gouvernance spirituelle et pratique sur Terre.

Législation spirituelle

Par la prière et l'intercession, l'Ekklesia lie ce qui s'oppose à la volonté de Dieu et perd ce qui s'aligne sur Ses desseins.

Mandat scripturaire :

« Tout ce que vous lierez sur la terre sera lié dans le ciel, et tout ce que vous délierez sur la terre sera délié dans le ciel. » (Matthieu 18 :18, LSG)

> **Exemple:** Un groupe de prière d'intercession axé sur la corruption systémique peut libérer la sagesse divine et des solutions dans la gouvernance.

Modélisation de la gouvernance du Royaume
L'Ekklesia incarne l'unité, l'amour et la responsabilité, offrant un modèle de gouvernance enraciné dans les valeurs du Ciel.

> **Exemple:** Les églises qui collaborent pour fournir des secours en cas de catastrophe démontrent l'efficacité et la compassion du gouvernement du Ciel.

Former des dirigeants du Royaume
Ekklesia équipe les croyants pour assumer des rôles de leadership dans diverses sphères, garantissant que les principes du Royaume influencent la société.

Les programmes de formation au leadership qui combinent formation spirituelle et compétences pratiques créent un vivier d'influenceurs tournés vers le Royaume.

Les défis de la réflexion sur le gouvernement du ciel

Résistance culturelle
Le monde résiste souvent au changement, s'accrochant à des systèmes et à des idéologies défaillantes. Les ambassadeurs doivent relever ces défis avec patience et sagesse.

Pression pour se conformer
Les ambassadeurs peuvent se sentir obligés de faire des compromis sur leurs valeurs pour être acceptés ou pour réussir. Rester

inébranlable exige du courage et de la confiance en Dieu.

Encouragement biblique :
« Ne vous conformez pas au siècle présent, mais soyez transformés par le renouvellement de l'intelligence. » (Romains 12 :2, LSG)

Opposition spirituelle
Faire progresser le gouvernement du Ciel implique une guerre spirituelle. Les ambassadeurs doivent rester vigilants, en utilisant la prière et la Parole de Dieu comme armes.

Étapes pratiques pour refléter le gouvernement du Ciel

- Donner l'exemple : les ambassadeurs doivent incarner les valeurs qu'ils souhaitent promouvoir, en faisant preuve d'amour, d'humilité et d'intégrité.

- S'engager avec les systèmes : la participation active aux systèmes sociétaux permet aux ambassadeurs d'influencer les politiques et les pratiques pour la transformation du Royaume.

- Équiper et former les autres : Équiper les autres multiplie l'impact des principes du royaume, assurant leur portée dans tous les domaines.

> ***Exemple:*** Un programme de mentorat pour les jeunes dirigeants favorise la formation de futurs ambassadeurs du Royaume dans divers domaines.

- Persévérer dans la prière : la prière pose les bases de la transformation, libérant l'autorité du Ciel dans les systèmes terrestres.

> ***Exemple:*** Un groupe de prière intercédant pour les dirigeants

locaux crée une atmosphère spirituelle propice à une prise de décision juste.

Conclusion

Refléter le gouvernement du Ciel est à la fois un privilège et une responsabilité. En tant qu'ambassadeurs du Royaume, nous avons la responsabilité d'incarner les valeurs du Roi et d'apporter la transformation aux systèmes du monde. La tâche peut sembler ardue, mais avec l'autorité du Roi et la puissance du Saint-Esprit, la transformation est non seulement possible mais inévitable.

Questions de réflexion

1. Comment pouvez-vous aligner pleinement votre vie sur les principes de gouvernement du Ciel ?
2. Quels systèmes ou structures spécifiques de votre communauté pourraient bénéficier de la transformation du Royaume ?
3. De quelles manières pouvez-vous équiper les autres pour qu'ils se joignent à la mission visant à refléter le règne du Ciel ?
4. Quelles mesures pratiques pouvez-vous prendre aujourd'hui pour influencer votre sphère avec les principes du Royaume ?
5. Comment pouvez-vous surmonter des défis tels que la résistance ou la pression de vous conformer tout en maintenant les valeurs de votre Royaume ?

CHAPITRE 10

Marcher dans l'Autorité et la Puissance du Royaume

Introduction

Nous détenons l'autorité et le pouvoir du Ciel pour accomplir notre mandat divin en tant qu'ambassadeurs du Royaume. Nous détenons l'autorité et le pouvoir du Ciel pour accomplir notre mandat divin.

Cette autorité, donnée par Jésus-Christ, nous permet de faire avancer le Royaume, d'affronter les ténèbres spirituelles et de libérer La volonté de Dieu sur Terre.

Cependant, cette autorité n'est pas destinée à un gain personnel ou à une reconnaissance. Nous confions cette autorité au service des autres, à la gloire de Dieu et à la transformation partout où nous allons.

Pour marcher efficacement dans cette autorité, nous devons comprendre notre identité, nous aligner sur les desseins de Dieu et nous engager activement dans les systèmes du monde avec foi et obéissance.

Lorsque nous opérons dans l'autorité du Royaume, nous devenons des agents de changement, apportant de la lumière dans les endroits sombres et ténébreux, de l'espoir aux désespérés et de l'ordre dans le chaos.

La source de l'autorité du Royaume

L'autorité vient du roi

Jésus est la source ultime de toute autorité. Il a déclaré : « Tout pouvoir m'a été donné dans le ciel et sur la terre » (Matthieu 28:18, LSG).

En tant que Ses ambassadeurs, nous agissons sous Son autorité déléguée. Cela signifie que notre pouvoir émane directement de Lui, et nous devons rester soumis à Son règne pour l'exercer efficacement.

L'autorité d'un ambassadeur n'est valable que dans la mesure où il représente fidèlement son souverain. De la même manière, notre autorité est efficace lorsque nous demeurons en phase avec la volonté et les desseins du Christ.

L'autorité par la Grande Mission

La Grande Mission dans Matthieu 28:19-20 confie aux croyants un mandat clair : faire des nations des disciples, baptiser les nouveaux croyants et leur apprendre à obéir aux commandements du Christ.

Cette autorité comprend :

- Proclamer l'Évangile : Partager la bonne nouvelle du salut par le Christ.
- Guérir les malades : démontrer la puissance du Royaume par la restauration physique.
- Chasser les démons : libérer ceux qui sont opprimés par les forces spirituelles.
- Confronter l'injustice : s'opposer aux systèmes qui perpétuent le péché et l'oppression.

> *Exemple:* Un croyant remarque un problème d'inégalité sur son lieu de travail et, guidé par la prière, lance une proposition de pratiques plus justes, démontrant ainsi l'autorité du Christ pour contester et corriger l'injustice.

La Grande Mission ne concerne pas seulement la transformation individuelle, mais aussi la réforme de la société. Elle nous appelle à influencer les communautés, les institutions et les nations avec la culture du Ciel.

Renforcement par le Saint-Esprit
Il est impossible d'exercer efficacement l'autorité du Royaume sans l'aide du Saint-Esprit. L'Esprit du Royaume donne aux croyants la sagesse, l'audace et les dons spirituels, leur permettant d'accomplir leur mission.

Fondement scripturaire :
« Vous recevrez une force, le Saint-Esprit survenant sur vous, et vous serez mes témoins » (Actes 1 :8, LSG).

> *Exemple:* Un pasteur qui dirige une réunion de réveil s'appuie sur la direction du Saint-Esprit pour discerner des besoins spécifiques, prier pour la guérison et délivrer des messages oints qui transforment des vies.

Fonctionnement dans l'autorité du Royaume

Connaissez votre identité.
L'autorité découle de l'identité. Être fils et filles du Roi change notre façon de relever les défis. Savoir qui nous sommes en Christ nous donne la confiance et l'audace nécessaires pour exercer l'autorité qu'Il nous a confiée.

Mandat scripturaire :
« L'Esprit que vous avez reçu vous a adoptés » (Romains 8 :15, LSG).

Un enseignant confiant dans son identité d'ambassadeur du Royaume intègre les valeurs bibliques dans les leçons sur l'éthique et la moralité, incitant les élèves à adopter des normes plus élevées.

Lorsque les croyants comprennent leur identité, ils ne craignent plus l'opposition ou l'incompréhension. Au contraire, ils marchent avec l'assurance du soutien divin.

S'aligner sur la volonté du roi

L'exercice de l'autorité doit être conforme aux desseins de Dieu. Les ambassadeurs doivent rechercher le discernement et rester obéissants aux instructions de Dieu, en s'assurant que leurs actions reflètent Son cœur.

> *Exemple:* Avant d'aborder un conflit dans sa communauté, un ambassadeur du Royaume passe du temps en prière, demandant la sagesse et la direction de Dieu.

Aperçu : Une autorité mal alignée, agissant sans la direction de Dieu, peut conduire à la frustration et à l'échec. La soumission au Roi garantit que notre autorité bénéficie du soutien total du Ciel.

Déclarer la volonté du ciel

Les mots sont porteurs d'un pouvoir créateur. L'autorité du Royaume implique de déclarer avec audace les promesses de Dieu, de réprimander l'injustice et de mettre la vie en pratique dans certaines situations.

Mandat scripturaire :

« Je vous le dis en vérité, si vous avez de la foi et si vous ne doutez point, vous direz à cette montagne : « Va-t'en, jette-toi dans la mer ! », et cela se fera. » (Matthieu 21 :21, LSG)

> *Exemple:* Lors d'une crise communautaire, un groupe de prière déclare la paix, la provision et la restauration dans les zones touchées, alignant ses paroles sur les promesses de Dieu.

Les déclarations ne sont pas de simples affirmations positives ; ce sont des actes de foi enracinés dans la Parole de Dieu, libérant Sa puissance dans le royaume terrestre.

Confrontation avec les ténèbres

Le Royaume appelle ses ambassadeurs à combattre les ténèbres spirituelles et systémiques. Cela comprend :

- Briser les forteresses par la prière.
- Lutter contre la corruption et l'injustice.
- Libérer les captifs de l'oppression.

Mandat scripturaire :

« Soumettez-vous à Dieu. Résistez au diable, et il fuira loin de vous. » (Jacques 4 :7, LSG)

> *Exemple:* Un croyant identifie un cycle de dépendance dans sa communauté et lance une intercession pour une percée, tout en collaborant avec des organisations qui offrent un soutien pratique.

Démontrer la puissance du Royaume

Guérir les malades

La guérison est une démonstration tangible de l'autorité du Ciel sur la maladie et la mort. Jésus a montré que la guérison est un élément essentiel de son ministère, et nous devons suivre son exemple.

Mandat scripturaire :

« Ils imposeront les mains aux malades, et les malades seront guéris » (Marc 16 :18, LSG).

Un croyant prie pour un collègue qui lutte contre la maladie, et la guérison miraculeuse qui s'ensuit conduit à une conversation sur la foi.

Délivrer les opprimés

La délivrance est un puissant témoignage de la victoire du Christ sur les forces spirituelles. Nous devons équiper des ambassadeurs pour affronter l'oppression démoniaque et apporter la liberté.

> ***Exemple:*** Un dirigeant de jeunesse, discernant l'oppression spirituelle dans la vie d'un étudiant, prie avec autorité, brisant les chaînes et rétablissant la paix dans l'individu.

Réaliser des miracles

Les miracles confirment la présence de Dieu et valident l'autorité de ses ambassadeurs. Ils servent de signes qui dirigent les hommes vers le Royaume.

> ***Exemple:*** Un missionnaire dans une région reculée prie pour qu'il pleuve pendant une sécheresse, et cette prévision miraculeuse conduit tout un village à la foi.

Les pièges de l'abus d'autorité

Autoglorification

L'autorité n'est pas une question de reconnaissance ou de gain personnel. Les ambassadeurs doivent redonner toute la gloire à Dieu, en s'assurant que leurs actions dirigent les autres vers Lui.

Négliger la responsabilité

Agir de manière isolée peut conduire à l'orgueil et à des erreurs de jugement. Rester connecté à l'Ekklesia garantit la responsabilité et la correction. À remarquer que la communauté ecclésiale est une représentation diplomatique. Il est donc bienséant que les ambassadeurs et ambassadrices s'assument par rapport à leur implication et leur engagement au niveau de l'église locale, pour recevoir les instructions par le gouverneur central et suprême, le Saint-Esprit dans l'optique d'avoir la bonne posture diplomatique parmi les gens en dehors de la maison de Dieu et dans vos sphères d'activité respectives..

Agir en dehors de la volonté de Dieu
S'arroger une certaine autorité sans la direction de Dieu peut entraîner des dommages spirituels et pratiques. Les ambassadeurs doivent constamment rechercher la direction du Saint-Esprit.

Libérer le paradis sur terre

Transformer des vies
Les ambassadeurs conduisent les autres vers le salut, la guérison et la restauration, rendant les promesses du ciel tangibles.

Transformer les systèmes
En influençant le gouvernement, les entreprises, l'éducation et d'autres secteurs, l'autorité du Royaume apporte un changement structurel qui correspond aux desseins de Dieu.

> *Exemple:* Un homme politique chrétien élabore des politiques qui reflètent les valeurs bibliques, telles que la justice pour les marginalisés et la protection de l'environnement.

Étapes pratiques pour marcher dans l'autorité :
- Passer du temps avec le Roi : créez et renforcez une intimité avec Dieu par la prière, l'adoration et l'étude de sa Parole.

- Pratiquer l'obéissance : un alignement constant sur la volonté de Dieu renforce votre autorité.
- Rechercher la puissance du Saint-Esprit : comptez quotidiennement sur l'Esprit pour obtenir sagesse et puissance.
- Agir avec audace : avancez avec foi, en faisant confiance à Dieu pour honorer votre obéissance.

Conclusion

L'autorité du Royaume est à la fois un privilège et une responsabilité. Il ne s'agit pas de dominer les autres, mais de les servir, de faire avancer la mission de Dieu et de glorifier son nom. En marchant dans l'autorité du Royaume, nous devenons des vecteurs de la puissance du Ciel, transformant des vies, des systèmes et des nations.

Questions de réflexion

1. Comment pouvez-vous grandir dans votre compréhension et votre exercice de l'autorité du Royaume ?
2. Y a-t-il de la place dans votre vie pour une plus grande soumission au Roi ?
3. Quelles opportunités avez-vous pour libérer la puissance du Ciel dans votre sphère d'influence ?
4. Comment pouvez-vous vous assurer que vous agissez en accord avec la volonté de Dieu ?
5. Quelles mesures spécifiques pouvez-vous prendre aujourd'hui pour affronter les ténèbres ou influencer les systèmes avec les principes du Royaume ?

CHAPITRE 11

Construire des ponts - L'expansion du Royaume dans chaque sphère

Introduction

Dans un monde divisé par la culture, l'idéologie, l'économie et la spiritualité, le rôle des ambassadeurs du Royaume est plus vital que jamais.

Nous avons la responsabilité de relier le Ciel et la Terre, ouvrant la voie aux principes du Royaume pour qu'ils aient un impact sur les individus, les sociétés et les structures.

Cette mission requiert intentionnalité, sagesse et une profonde confiance dans le Saint-Esprit.

Construire des ponts est plus qu'un acte symbolique ; c'est une stratégie délibérée et transformatrice. Elle implique de dépasser les barrières – culturelles, sociales, spirituelles et systémiques – pour établir des liens qui mènent à la réconciliation, à la compréhension et à l'expansion du Royaume.

En construisant des ponts, nous accomplissons le mandat divin de faire des nations des disciples, de réconcilier les gens avec Dieu et d'aligner le monde sur les principes du Ciel.

Le but de la construction de ponts

Réconcilier l'humanité avec Dieu.

Le but ultime de la construction de ponts est de restaurer la relation brisée de l'humanité avec Dieu. C'est le message central de l'Évangile et le cœur de la mission de l'ambassadeur.

Mandat scripturaire :

« Nous faisons donc les fonctions d'ambassadeurs pour Christ, comme si Dieu exhortait par nous. Nous vous en prions au nom de Christ : Laissez-vous réconcilier avec Dieu » (2 Corinthiens 5 :20, LSG).

> **Exemple :** Un petit groupe organise un événement communautaire gratuit au cours duquel il partage des témoignages de la bonté et des actes de gentillesse de Dieu, permettant aux participants de ressentir son amour.

La véritable réconciliation commence par l'amour. En manifestant la compassion de Dieu par nos paroles et nos actes, nous ouvrons la voie à une transformation spirituelle.

Restaurer les systèmes selon les principes du royaume

En plus de transformer les individus, les ambassadeurs doivent influencer les systèmes sociétaux comme le gouvernement, l'éducation, les entreprises et les médias pour défendre les valeurs du Royaume comme la justice, la compassion et l'intégrité.

> **Exemple :** Un chef d'entreprise soucieux du Royaume met en place des politiques sur le lieu de travail qui privilégient les pratiques éthiques, la gestion de l'environnement et le bien-être des employés, reflétant ainsi les principes de gestion et d'équité de Dieu.

La restauration des systèmes implique de s'attaquer aux causes profondes de la corruption, de l'inefficacité ou de l'injustice. Par exemple, la réforme des programmes scolaires visant à promouvoir la vérité et la sagesse peut avoir un impact sur plusieurs générations.

Aller au-delà des clivages

Construire des ponts nécessite un engagement intentionnel auprès de personnes d'horizons culturels, sociaux et spirituels différents, brisant les murs des préjugés et des divisions.

Mandat scripturaire :
« Il n'y a plus ni Juif ni Grec, il n'y a plus ni esclave ni libre, il n'y a plus ni homme ni femme, car tous vous êtes un en Jésus-Christ » (Galates 3 :28, LSG).

> *Exemple:* Une église organise un festival multiculturel qui célèbre la diversité tout en partageant le message unificateur de l'amour du Christ.

Pour aller au-delà des divisions, il faut de l'humilité, une volonté d'écouter et une ouverture pour apprendre des autres tout en restant fermement enraciné dans la vérité de l'Évangile.

Le rôle des ambassadeurs dans l'expansion du Royaume

Proclamer le message du Royaume

La tâche des ambassadeurs est de partager l'Évangile du Royaume de manière à ce qu'il trouve un écho auprès de leur public, en comblant les écarts culturels et contextuels. Cela implique d'adapter de manière créative le message immuable du Christ pour répondre aux besoins spécifiques des gens.

> *Exemple:* Un missionnaire travaillant dans une zone non atteinte intègre l'art local et les traditions narratives pour partager les vérités bibliques d'une manière accessible.

Une proclamation efficace commence par la compréhension de la vision du monde du public, par la réponse à ses questions et par la satisfaction de ses besoins spirituels et pratiques.

Démontrer les valeurs du Royaume

Les ambassadeurs incarnent le caractère du roi par des actes de service, de générosité et d'intégrité. Ces actions établissent la crédibilité, favorisent la confiance et créent des opportunités d'influence.

> *Exemple:* Un enseignant fait constamment preuve d'équité et de patience en classe, devenant ainsi un modèle de confiance pour les élèves et ses collègues.

Les actions qui reflètent les valeurs du Royaume, comme venir en aide aux pauvres ou défendre la justice, servent de puissants témoignages de l'amour de Dieu en action.

Équiper les autres pour l'œuvre du Royaume

Le disciplulat est essentiel à l'expansion du Royaume. En équipant et en responsabilisant les autres, les ambassadeurs multiplient leurs efforts et étendent la portée de l'Évangile.

Mandat scripturaire :

« Ce que tu as entendu de moi en présence de beaucoup de témoins, confie-le à des hommes fidèles, qui soient capables de l'enseigner aussi à d'autres. » (2 Timothée 2 :2, LSG)

> *Exemple:* Un pasteur de jeunes encadre un groupe de jeunes dirigeants, leur enseignant comment partager leur foi et faire des disciples dans leurs écoles.

Équiper les autres comprend une formation spirituelle, des conseils pratiques et des encouragements continus pour les aider à assumer leur propre rôle d'ambassadeurs.

Stratégies pour une construction de ponts efficace

La compréhension du contexte culturel, social et spirituel des personnes ou des systèmes concernés est la première étape d'une collaboration efficace. Cette connaissance permet aux ambassadeurs d'établir des liens constructifs et de répondre à des besoins réels.

> *Exemple:* Un missionnaire de la santé étudie les problèmes de santé locaux et les croyances culturelles pour fournir des soins médicaux qui respectent les traditions tout en introduisant le pouvoir de guérison de Dieu.

La compréhension contextuelle démontre le respect des points de vue des autres et construit des ponts relationnels qui ouvrent la voie à l'impact de l'Évangile.

Trouver un terrain d'entente
L'identification de valeurs, d'objectifs ou d'intérêts partagés constitue la base d'un dialogue et d'une collaboration significatifs.

Mandat scripturaire :
« Je me suis fait tout à tous, afin d'en sauver, par tous les moyens possibles, quelques-uns » (1 Corinthiens 9 :22, LSG).

> *Exemple:* Un dirigeant communautaire s'associe à des organisations locales pour répondre à des préoccupations communes telles que la pauvreté ou la réforme de l'éducation, renforçant ainsi la confiance tout en reflétant les valeurs du Royaume.

Engagez-vous avec humilité
Aborder les autres avec respect, être prêt à écouter et être ouvert à

l'apprentissage favorise la confiance et la compréhension mutuelle. L'humilité désarme la résistance et construit des relations honnêtes et durables.

> **Exemple:** Un propriétaire d'entreprise chrétien organise des ateliers sur le leadership éthique, en invitant divers participants à apporter leur contribution pour créer un environnement collaboratif et inclusif.

Diriger par le service

Le service est une puissante démonstration de l'amour du Christ. Les actes de service offrent des manifestations concrètes des valeurs du Royaume et créent des occasions d'interaction spirituelle.

> **Exemple:** Une église lance un projet de nettoyage dans un quartier délaissé, offrant ainsi de l'espoir et démontrant son intérêt pour la communauté.

Le service renforce la crédibilité en démontrant l'engagement des ambassadeurs envers le bien-être de ceux qu'ils cherchent à influencer.

Les défis de la construction de ponts

Résistance au changement

Les individus et les systèmes résistent souvent à la transformation en raison de la peur de l'inconnu, de l'orgueil ou de l'attachement au statu quo.

Surmonter la résistance exige de la patience, de la persévérance et de la confiance dans le Saint-Esprit pour adoucir les cœurs et ouvrir les esprits.

Barrières culturelles

Les différences de langue, de traditions et de valeurs peuvent entraver la communication et la compréhension mutuelle.

> *Exemple:* Un missionnaire engage un traducteur et des guides locaux pour combler les écarts linguistiques et culturels, garantissant ainsi que le message soit à la fois compris et respecté.

Opposition spirituelle

Les efforts visant à étendre le Royaume se heurtent souvent à une résistance spirituelle, car l'ennemi cherche à maintenir la division et les ténèbres.

Mandat scripturaire :

« Car nous n'avons pas à lutter contre la chair et le sang, mais contre les dominations, contre les autorités, contre les princes de ce monde de ténèbres. » (Éphésiens 6 :12, LSG)

Pour surmonter l'opposition spirituelle, il faut prier, jeûner et rester ferme dans l'autorité du Christ.

L'impact de l'expansion du royaume

Des vies transformées

Grâce à la construction de ponts, les individus rencontrent l'amour de Dieu, font l'expérience du salut et reçoivent la guérison et la restauration.

> *Exemple:* Un programme de sensibilisation communautaire offre une formation professionnelle et un discipulat, transformant ainsi des vies et brisant les cycles de la pauvreté.

Systèmes rachetés

Les systèmes corrompus commencent à refléter les principes du Royaume, promouvant la justice, l'équité et la durabilité.

Un fonctionnaire du gouvernement plaide en faveur de réformes qui protègent les personnes vulnérables et préservent l'intégrité, conduisant à un changement systémique.

Communautés Unies

Les ponts favorisent la réconciliation, la guérison des divisions et l'unification des peuples sous la bannière du Royaume.

> ***Exemple:*** Des églises de différentes confessions collaborent à une initiative à l'échelle de la ville pour lutter contre la situation des sans-abris, démontrant ainsi leur unité et leur amour.

Nations influencées

La mise en œuvre des valeurs du Royaume au niveau national accomplit la Grande Mission et transforme des sociétés entières.

Mandat scripturaire :

« Allez, faites de toutes les nations des disciples » (Matthieu 28 :19, LSG).

Étapes pratiques pour construire des ponts

- Prier pour des portes ouvertes : une prière constante prépare les cœurs et crée des opportunités d'engagement.

- Investir dans les relations : établir la confiance et la connexion constitue la base de l'influence.

- S'engager avec intentionnalité : abordez chaque interaction avec un objectif du Royaume.

- Équiper et mobiliser les autres : former et responsabiliser les autres pour étendre la portée de la mission.

Conclusion

L'appel à construire des ponts est à la fois un privilège et une responsabilité. En reliant les valeurs du Ciel aux besoins de la Terre, les ambassadeurs remplissent leur mandat divin de transformer des vies, des systèmes et des nations. Ce travail exige du courage, de la créativité et une confiance dans la puissance de Dieu.

En tant qu'ambassadeurs du Royaume, nous avons la possibilité d'être des catalyseurs de changement, apportant l'unité, la guérison et l'espoir. Relevons le défi, sachant que le Roi nous précède et que son Esprit nous donne la force d'accomplir cette tâche.

Questions de réflexion

1. Quels obstacles ou divisions pouvez-vous tenter de surmonter dans votre communauté ?
2. Comment pouvez-vous vous engager plus intentionnellement auprès des individus et des systèmes qui ont besoin de transformation ?
3. Quelles mesures pouvez-vous prendre pour équiper et mobiliser les autres pour l'expansion du Royaume ?
4. Comment trouver un terrain d'entente pour favoriser le dialogue et la collaboration ?
5. De quelles manières pouvez-vous faire face à la résistance ou à l'opposition spirituelle avec persévérance et grâce ?

CHAPITRE 12

Défis et Triomphes dans le Voyage Ambassadeuriel

Introduction

Le cheminement d'un ambassadeur du Royaume est fait de persévérance, de courage et d'une foi inébranlable. C'est un chemin jalonné d'épreuves, qui exige de la persévérance face à l'adversité, mais c'est aussi un parcours rempli de victoires profondes et de moments de triomphe divin.

Les ambassadeurs représentent le Roi dans un monde souvent hostile à ses valeurs, naviguant dans des batailles spirituelles, des complexités culturelles et des luttes personnelles.

Malgré les difficultés, chaque victoire, qu'il s'agisse d'une vie transformée, d'un système réformé ou d'une communauté restaurée, confirme la fidélité et le pouvoir du Roi. Ce chapitre explore la double nature du parcours d'ambassadeur, abordant à la fois les épreuves qui mettent la foi à l'épreuve et les triomphes qui inspirent la persévérance.

Les défis auxquels sont confrontés les ambassadeurs du Royaume

L'opposition du monde

Les principes du Royaume contrastent souvent fortement avec les valeurs du monde. Le fait que les ambassadeurs défendent la vérité et la justice peut entraîner des critiques, du rejet, voire des persécutions.

Aperçu des Écritures :

« Si le monde vous hait, sachez qu'il m'a haï le premier » (Jean 15 :18, LSG).

Exemple: Un journaliste chrétien qui enquête sur la corruption

> est confronté à la réaction négative de personnalités influentes qui tentent de discréditer ou de réduire au silence son travail. Malgré l'opposition, le journaliste continue de mettre en lumière la vérité, reflétant ainsi l'intégrité du Royaume.

L'opposition n'est pas un signe d'échec, mais une occasion de glorifier Dieu par une foi inébranlable et du courage.

La guerre spirituelle

Les ambassadeurs s'engagent dans une bataille spirituelle contre les forces qui s'opposent au Royaume de Dieu. Ces batailles se manifestent par la peur, le découragement, la division et la résistance à l'avancement du Royaume.

Mandat scripturaire :

« Car nous n'avons pas à lutter contre la chair et le sang, mais contre les dominations, contre les autorités, contre les princes de ce monde de ténèbres. » (Éphésiens 6 :12, LSG)

> ***Exemple:*** Un pasteur qui implante une église dans une communauté spirituellement résistante rencontre des défis soudains, tels que la maladie et la division, mais compte sur la prière d'intercession pour surmonter ces barrières.

La compréhension de la guerre spirituelle permet aux ambassadeurs de reconnaître et de combattre les forces invisibles qui s'opposent à leur mission. La prière et le jeûne réguliers sont des outils essentiels pour la victoire.

Barrières culturelles et idéologiques

Les différences de vision du monde, de traditions et de normes culturelles peuvent engendrer des malentendus ou des résistances au message de l'Évangile. Les ambassadeurs doivent surmonter ces obstacles avec sensibilité et sagesse.

> *Exemple:* Un missionnaire travaillant dans une région où les croyances animistes sont profondément ancrées se heurte au scepticisme lorsqu'il aborde des concepts bibliques. Au fil du temps, il gagne la confiance des autres en respectant les traditions locales tout en présentant avec douceur le pouvoir transformateur de l'Évangile.

La patience et la sensibilité culturelle aident les ambassadeurs à construire des ponts de compréhension, créant ainsi des opportunités d'influence pour le Royaume.

Faiblesses et limites personnelles

Chaque ambassadeur est confronté à des moments de doute, de peur et d'inadéquation. Ces défis internes peuvent nuire à son efficacité s'ils ne sont pas abordés avec foi et confiance en Dieu.

> *Exemple:* Un jeune dirigeant se sent incapable d'organiser une grande initiative de ministère. En recherchant un mentor et en faisant confiance aux promesses de Dieu, il trouve la confiance nécessaire pour diriger avec succès.

Les faiblesses personnelles ne sont pas des facteurs disqualifiants ; elles sont des opportunités pour que la force de Dieu transparaisse.

Pression pour faire des compromis

La tentation de se conformer aux normes internationales en matière d'acceptation, de réussite ou de commodité est un défi constant. Le compromis peut diluer le message de l'ambassadeur et affaiblir son impact.

Mandat scripturaire :
« Ne vous conformez pas au siècle présent, mais soyez transformés par le renouvellement de l'intelligence. » (Romains 12 :2, LSG)

> **Exemple:** Un propriétaire d'entreprise choisit d'honorer Dieu par l'intégrité, en refusant de prendre des raccourcis ou de s'engager dans des pratiques contraires à l'éthique, même lorsque cela entraîne une perte financière.

Élément de réflexion : Rester sans compromis préserve la pureté de la mission d'ambassadeur et défend l'honneur du Roi.

Stratégies pour surmonter les défis

Comptez sur le Saint-Esprit
Le Saint-Esprit fournit des conseils, de la force et de la sagesse, permettant aux ambassadeurs de surmonter les défis et d'accomplir leur mission.

Aperçu des Écritures :
« Mais le consolateur, l'Esprit Saint, que le Père enverra en mon nom, vous enseignera toutes choses, et vous rappellera tout ce que je vous ai dit. » (Jean 14 :26, LSG)

Avant d'aborder un problème controversé au sein de sa communauté, un ambassadeur passe du temps dans la prière, recherchant la sagesse du Saint-Esprit et recevant une stratégie claire de résolution.

Enracinez-vous dans la Parole de Dieu
L'Écriture est la source ultime de vérité, d'encouragement et de direction. Elle apporte de la clarté dans les moments de confusion et de la force dans les moments de faiblesse.

Mandat scripturaire :

« Ta parole est une lampe à mes pieds, et une lumière sur mon sentier » (Psaume 119 :105, NIV).

L'étude quotidienne des Écritures fournit aux ambassadeurs des principes bibliques à appliquer dans chaque situation, garantissant que leurs actions sont conformes à la volonté du Roi.

Recherchez la communauté et la responsabilité.

La communion avec d'autres croyants apporte encouragement, sagesse et espace sûr pour affronter les difficultés. La responsabilisation aide les ambassadeurs à rester sur la bonne voie et à éviter les pièges.

> *Exemple:* Une équipe missionnaire se réunit chaque semaine pour prier et réfléchir, partager ses victoires et ses défis afin de se soutenir mutuellement dans son travail.

La force d'une communauté multiplie l'impact des efforts individuels, créant une force unifiée pour l'avancement du Royaume.

Persévérez dans la prière

La prière est à la fois une arme et un refuge, permettant aux ambassadeurs de surmonter les défis et de rechercher l'intervention divine.

Mandat scripturaire :

« La prière du juste a une grande efficacité » (Jacques 5:16, NIV).

La prière persistante apporte des percées dans les domaines spirituel et naturel, garantissant que les ambassadeurs restent connectés à la source de leur pouvoir.

Concentrez-vous sur la vision éternelle

Garder à l'esprit l'objectif ultime de faire progresser le Royaume fournit la motivation pour endurer les épreuves et rester ferme dans la mission.

Encouragement biblique :

« Ne nous lassons pas de faire le bien ; car nous moissonnerons au temps convenable, si nous ne nous relâchons pas. » (Galates 6:9, LSG)

Réfléchir à l'impact éternel des petites victoires aide les ambassadeurs à garder espoir et résilience.

Les triomphes des ambassadeurs du Royaume

Des vies transformées

Chaque vie touchée par l'Évangile témoigne de la puissance du Royaume. La transformation d'une vie peut conduire à la transformation de familles, de communautés et même des nations.

> *Exemple:* Un ambassadeur s'occupe d'un adolescent en difficulté, qui devient plus tard un leader communautaire défendant la justice et l'unité.

Systèmes rachetés

Les valeurs du Royaume introduites dans les systèmes – tels que le gouvernement, l'éducation ou les entreprises – apportent justice, équité et restauration.

> *Exemple:* Un homme politique chrétien rédige une loi qui s'attaque à la corruption, conduisant à un changement systémique et à une confiance accrue du public.

Communautés restaurées

Les ambassadeurs apportent l'unité et la guérison aux communautés divisées par la réconciliation, le service et l'application des principes du Royaume.

> **Exemple:** Une initiative d'une église réduit la criminalité dans un quartier en proposant des programmes de mentorat, des formations professionnelles et des conseils spirituels.

Glorifier le Roi

Chaque triomphe, qu'il soit petit ou important, reflète la gloire du Roi et sert de témoignage de sa puissance et de sa fidélité.

Les victoires des ambassadeurs ne visent pas à obtenir une reconnaissance personnelle mais à honorer le Roi qui les habilite.

La perspective éternelle

La promesse du retour du roi

Les ambassadeurs vivent avec l'assurance que le Roi reviendra pour établir son Royaume dans toute sa plénitude. Cette promesse leur donne de l'espoir et la motivation pour persévérer.

Mandat scripturaire :

« Voici, je viens bientôt ; ma rétribution est avec moi, et je rendrai à chacun selon ses œuvres. » (Apocalypse 22 :12, LSG)

La joie de la récompense éternelle

Les ambassadeurs fidèles partageront la joie du Roi et recevront la récompense de leur travail.

Encouragement biblique :

« C'est bien, bon et fidèle serviteur ! » (Matthieu 25 :23, LSG).

Encouragements pratiques pour le voyage

- Célébrer les petites victoires : reconnaissez et réjouissez-vous même des plus petits signes d'avancement du Royaume.
- Rester concentré sur la mission : évitez les distractions et restez engagé dans la tâche à accomplir.
- S'appuyer sur la force du Roi : Ayez foi que Dieu, et non l'effort humain, accomplit la mission à travers vous.

Conclusion

Le voyage d'ambassadeur est un témoignage de la fidélité de Dieu. Bien que les défis soient inévitables, ils constituent des occasions de croissance et de démonstration de la puissance du Roi. Chaque vie transformée, chaque système racheté et chaque communauté restaurée est un triomphe qui glorifie Dieu et fait avancer son Royaume.

Le Roi, qui a déjà assuré la victoire par sa mort et sa résurrection, appelle les ambassadeurs à persévérer, à célébrer les victoires et à avoir foi en son triomphe ultime.

Questions de réflexion

1. À quels défis faites-vous face actuellement dans votre rôle d'ambassadeur ?
2. Comment pouvez-vous compter sur le Saint-Esprit et la Parole de Dieu pour surmonter ces défis ?
3. Pouvez-vous vous souvenir de victoires qui démontrent la puissance et la fidélité du Roi ?
4. Comment pouvez-vous célébrer les petites victoires comme des étapes importantes de votre parcours ?

5. Comment le fait de garder une perspective éternelle vous aide-t-il à surmonter les difficultés inhérentes au rôle d'ambassadeur ?

CHAPITRE 13

Vivre l'Appel : Transformer le Monde en tant que Représentants du Ciel

Introduction

Être ambassadeur du Royaume est un appel divin qui exige un dévouement, une intentionnalité et une persévérance sans faille. Ce n'est pas simplement un rôle ou une position, c'est une identité et un style de vie. Le Roi choisit des ambassadeurs pour le représenter, diffuser son message et infuser la réalité du Ciel dans tous les aspects de la vie terrestre.

Cet appel dure toute la vie et englobe chaque relation, décision et interaction.

Notre objectif ultime est de glorifier Dieu et de faire progresser son Royaume, en nous efforçant d'accomplir sa volonté « sur la terre comme au ciel » (Matthieu 6:10).

Alors que nous concluons ce voyage de compréhension de l'ambassadeur du Royaume, nous nous concentrons sur l'acceptation de notre identité, la marche dans un but et le fait de laisser un héritage d'impact éternel.

La haute vocation d'ambassadeur

L'identité dans le Royaume

Le rôle d'ambassadeur commence par la compréhension de qui nous sommes en Christ. Être enfants du Roi, cohéritiers avec Christ et citoyens du Ciel constitue le fondement de notre identité. Cette identité inébranlable façonne notre façon de vivre et d'interagir avec le monde.

Fondement scripturaire :

« Vous, au contraire, vous êtes une race élue, un sacerdoce royal, une nation sainte, un peuple acquis, afin que vous annonciez les vertus de celui qui vous a appelés des ténèbres à son admirable lumière. » (1 Pierre 2 :9, LSG)

> **Exemple:** Un jeune professionnel dans un environnement d'entreprise compétitif refuse de compromettre son intégrité, en se rappelant son identité de citoyen du Royaume représentant les valeurs du Roi.

Assumer votre identité d'ambassadeur vous permet de vivre avec audace et de résister aux pressions extérieures.

Objectif de la mission

La diplomatie céleste via lambassade transcende les activités religieuses et les espaces ecclésiaux. Elle s'étend à toutes les sphères d'influence : gouvernement, éducation, médias, famille, entreprises, etc. La mission est de faire des nations des disciples, de transformer les cultures et de racheter les systèmes avec les valeurs du Royaume.

Aperçu des Écritures :

« Allez, faites de toutes les nations des disciples, les baptisant au nom du Père, du Fils et du Saint-Esprit » (Matthieu 28 :19, LSG).

Que vous soyez un parent enseignant à vos enfants, un éducateur façonnant les jeunes esprits ou un décideur politique défendant la justice, chaque rôle est une opportunité de remplir votre mission d'ambassadeur.

Le pouvoir par le Roi

Le Roi n'envoie pas ses ambassadeurs dans le monde sans être équipés. Il leur donne l'autorité, les fortifie par le Saint-Esprit et leur promet sa présence continue.

Encouragement biblique :
« Et voici, je suis avec vous tous les jours, jusqu'à la fin du monde. » (Matthieu 28:20, LSG)

Exemple : Un missionnaire confronté à l'opposition dans une nouvelle culture s'appuie sur les conseils du Saint-Esprit et reçoit la sagesse nécessaire pour établir la confiance et partager l'Évangile efficacement.

Point de réflexion : Les ambassadeurs du Royaume opèrent avec le pouvoir du Roi, et non le leur, ce qui garantit que leurs efforts sont fructueux et transformateurs.

L'impact d'un ambassadeur fidèle

Des vies transformées
Le cœur de l'engagement missionnaire est de conduire les autres à Christ. L'Évangile sauve, guérit et restaure des vies. Les gens découvrent leur identité d'enfants de Dieu et leur objectif en tant que citoyens du Royaume.

> *Exemple:* Le responsable d'un petit groupe s'investit constamment dans le mentorat d'un jeune adulte en difficulté. Au fil du temps, cet individu devient un leader épanoui qui inspire les autres à suivre le Christ.

Systèmes rachetés
L'introduction des valeurs du Royaume peut transformer les systèmes corrompus. Les ambassadeurs influencent les politiques, les pratiques et les institutions pour refléter la justice, l'équité et la droiture du Royaume de Dieu.

> *Exemple:* Un propriétaire d'entreprise chrétien adopte des pratiques d'embauche éthiques et investit dans le développement communautaire, créant ainsi un effet d'entraînement de changement positif.

Les Nations Disciplinées

La Grande Mission appelle des ambassadeurs à faire des disciples d nations entières, en intégrant les principes du Royaume dans les structures sociétales et les normes culturelles.

Vision scripturale :

« Le royaume du monde est remis à notre Seigneur et à son Christ ; et il régnera aux siècles des siècles ! » (Apocalypse 11 :15, LSG).

> *Exemple:* Une coalition d'églises travaille ensemble pour fournir une éducation, des soins de santé et un soutien spirituel à une région sous-développée, transformant ainsi la vie des individus et renforçant l'infrastructure de la nation.

La perspective éternelle

Le retour du Roi

Les ambassadeurs du Royaume vivent avec l'espoir et l'assurance que leur travail fait partie du grand plan de Dieu, dont l'aboutissement sera le retour du Roi. Cette perspective éternelle inspire la persévérance et la fidélité.

Encouragement biblique :

« Voici, je viens bientôt ; ma rétribution est avec moi, et je rendrai à chacun selon ses œuvres. » (Apocalypse 22 :12, LSG)

La récompense éternelle

Le Roi récompensera les ambassadeurs fidèles pour leur diligence et leur obéissance et ils partageront sa joie.

Assurance scripturale :
« C'est bien, bon et fidèle serviteur ! Tu as été fidèle en peu de chose ; je te confierai beaucoup. Viens, et partage la joie de ton maître ! » (Matthieu 25 :23, LSG).

Un appel à l'action
- Vivre avec audace : assumez votre rôle d'ambassadeur avec confiance, sachant que le Roi vous a donné le pouvoir de surmonter les obstacles et d'apporter des changements.
- S'engager avec le monde : interagir intentionnellement avec les systèmes du monde, en apportant la vérité, la lumière et l'espoir du Royaume dans chaque situation.
- Rester fidèle : persévérez dans les épreuves, en ayant confiance que les desseins du Roi prévaudront et que vos efforts auront une signification éternelle.

L'héritage d'un ambassadeur

C'est l'impact éternel, et non le succès terrestre, qui mesure l'héritage d'un ambassadeur du Royaume. Chaque vie touchée, chaque système racheté et chaque communauté transformée témoignent de la puissance du Roi.

Que votre héritage glorifie Dieu et fasse progresser Son Royaume, inspirant d'autres personnes à répondre à leur appel en tant qu'ambassadeurs.

Déclaration finale : un engagement envers le Roi
En concluant ce manuel, exprimez votre dévouement à vivre en tant que représentant du Royaume.

Déclaration d'engagement :

Je suis ambassadeur/ambassadrice du Roi.

Je suis choisi.e, habilité.e et envoyé.e pour représenter le Paradis sur Terre.

Je vivrai avec audace, je proclamerai l'Évangile et je refléterai le caractère de mon Roi.

Je m'engagerai dans le monde, en apportant l'influence du Royaume à toutes les sphères de la société.

Je persévérerai face aux défis, en faisant confiance à la puissance du Saint-Esprit.

Je laisserai un héritage qui glorifie le Roi et fait progresser son Royaume.

À Lui soit toute la gloire, pour les siècles des siècles. Amen.

Questions de réflexion

1. Quelles mesures prendrez-vous aujourd'hui pour vivre plus intentionnellement en tant qu'ambassadeur du Royaume ?
2. Comment pouvez-vous vivre davantage selon la mission et les valeurs du Royaume ?
3. Qui pouvez-vous encadrer, équiper ou encourager à se joindre à cette mission ?
4. Quels domaines de votre vie ont besoin de plus d'audace et d'engagement avec le monde ?
5. Comment la perspective éternelle du retour du Roi motive-t-

elle vos actions aujourd'hui ?

Bibliographie

En tant qu'ambassadeurs du Royaume, il est essentiel de fonder notre compréhension à la fois sur les Écritures et sur la sagesse d'autres personnes qui ont exploré les principes du Royaume. Les ouvrages suivants ont inspiré le contenu de ce livre :

La Bible
Nouvelle version internationale (NIV) et Nouvelle version King James (NKJV), le principal fondement scripturaire de cette œuvre.

Livres et ressources
Myles Munroe – Redécouvrir le Royaume

John Maxwell – Devenir une personne influente

Oswald Chambers – Mon plus grand don pour son plus grand ?????

Watchman Nee – La vie chrétienne normale

EW Kenyon – Le père et sa famille

Références historiques et contextuelles
Études sur le concept grec et romain d'Ekklesia

Mener des recherches sur la diplomatie historique et l'ambassade

Travail personnel et notes
Jean-Heder Petit Frère : sermons, enseignements et notes d'années de ministère.

Cette bibliographie reflète un mélange de vérités intemporelles et d'idées pratiques. Je vous recommande de lire ces ressources pour en savoir plus sur le Royaume et votre mission d'ambassadeur.

Note finale de l'auteur

Ce livre est le fruit d'années de prière, d'étude et de cheminement personnel. C'est un travail d'amour et une offrande au Corps du Christ. Mon désir le plus profond est qu'il vous équipe pour vivre votre vocation avec clarté et courage, transformant votre vie et le monde qui vous entoure.

N'oubliez pas que vous n'êtes pas seuls dans cette mission. Vous faites partie d'une Ekklesia mondiale, d'une nation unie sous un seul Roi. Ensemble, nous pouvons accomplir la prière de Jésus : « Que ton règne vienne, que ta volonté soit faite sur la terre comme au ciel. »

Que ce manuel vous inspire, vous stimule et vous donne les moyens de marcher avec audace en tant qu'ambassadeur du Roi. Le voyage commence maintenant.

Docteur Jean Heder Petit Frère

www.ingramcontent.com/pod-product-compliance
Lightning Source LLC
Chambersburg PA
CBHW070045120526
44589CB00035B/2318